))) 创新型素质教育精品教材

沟通技巧

))) 主审 赵 静
))) 主编 阳国光 杨仓军 魏霄雁

教·学资源

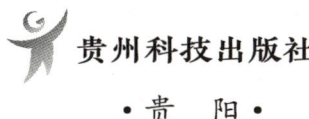
贵州科技出版社
·贵 阳·

图书在版编目（CIP）数据

沟通技巧 / 阳国光，杨仓军，魏霄雁主编. -- 贵阳：贵州科技出版社，2024.10.（2025.7重印） -- ISBN 978-7-5532-1415-3

Ⅰ. C912.1

中国国家版本馆CIP数据核字第2024JA7739号

沟通技巧
GOUTONG JIQIAO

出版发行	贵州科技出版社
地　　址	贵阳市观山湖区会展东路SOHO区A座（邮政编码：550081）
网　　址	https://www.gzstph.com
出 版 人	王立红
责任编辑	杨林谕
封面设计	北京金企鹅
版式设计	北京金企鹅
经　　销	全国各地新华书店
印　　刷	北京时代华都印刷有限公司
版　　次	2024年10月第1版
印　　次	2025年7月第2次
字　　数	289千字
印　　张	12.5
开　　本	787 mm×1092 mm　1/16
书　　号	ISBN 978-7-5532-1415-3
定　　价	45.00元

在当今社会，卓越的沟通能力已成为个人的核心竞争力之一。一个人与他人进行有效沟通，清晰、准确地表达自己的思想和情感，有助于展现个人魅力与涵养，并与他人建立良好的人际关系，从而在生活、学习和工作中获得成功。

学生正处于学习知识、了解社会、探索人生的重要时期，积极学习沟通技巧对他们的长远发展具有深远影响，能够为他们未来的职业生涯奠定坚实的基础。为了帮助学生掌握沟通技巧，提高沟通能力，减少人际交往中的摩擦，促进个人成长与发展，编者精心编写了本书。

具体来说，本书主要具有以下特色。

德智并举，立德树人

党的二十大报告指出："育人的根本在于立德。"本书积极贯彻党的二十大精神，落实立德树人根本任务，在每个项目前设置了"素质目标"模块，并将素质教育的有关内容融入正文中，潜移默化地引导学生坚定文化自信、厚植人文素养、提升思想觉悟，从而培养有理想、有追求、有担当的社会主义建设者和接班人。

校企合作，协同育人

编者在编写本书时，走访了多所学校和多家用人单位，了解了学生、职场人士等在沟通中遇到的问题、采取的解决办法等，并将这些内容有机融入本书中，以使本书更加贴近实际，让学生能够学以致用。此外，书中的部分案例和图片由编者走访的学校和用人单位提供，有助于学生更好地了解沟通技巧在实践中的具体应用，为学生提高沟通能力提供了重要参考和实践依据。

 **沟通技巧**

体例新颖，模块丰富

本书采用项目任务式结构编排，既有助于教师更好地开展教学工作，又有助于学生理解和掌握知识点。每个任务前设置"任务导入"模块，以与知识点相关的情景或案例为切入点，通过提问的方式引发学生思考，让学生带着问题学习沟通技巧；正文中穿插"指点迷津""同步案例""课堂互动""见多识广""故事讲堂"等模块，以增强课堂教学的互动性、趣味性，帮助学生巩固所学知识、拓宽视野；每个任务后设置"任务实施"模块，以培养学生应用沟通技巧的能力。此外，本书的每个项目后还设置了"学习成果自测"和"学习成果评价"模块，以帮助学生检验学习成果。

资源丰富，平台赋能

本书提供了丰富的数字资源，读者既可以借助手机或其他移动设备扫描书中的二维码观看微课视频，也可以登录文旌综合教育平台"文旌课堂"查看和下载本书配套资源，如课件、教案、"学习成果自测"答案等。读者在阅读本书的过程中有任何疑问，都可以登录该平台寻求帮助。

此外，本书还提供了在线题库，支持"教学作业，一键发布"，教师只需通过微信或"文旌课堂"App 扫描扉页二维码，即可迅速选题、一键发布、智能批改，并查看学生的作业分析报告，从而提高教学效率、提升教学体验。学生可在线完成作业，巩固所学知识，提高学习效率。

本书由赵静担任主审，阳国光、杨仓军、魏霄雁担任主编，胡沁婷、李进民、杨婧、王樊、何晓琳、胡瑜、陈韶东、臧伟担任副主编。由于编者水平有限，书中难免存在疏漏与不妥之处，诚请广大读者批评指正。

特别说明：

（1）编者在编写本书的过程中，参考了大量资料并引用了其中的部分文字和图片等。大部分引用的资料已获授权，但由于部分资料来自网络，我们未能确认出处，也暂时无法联系到原作者。对此，我们深表歉意，并欢迎原作者随时与我们联系，我们将按规定支付酬劳。

（2）本书没有注明资料来源的案例均为编者自编或根据真实事件改编。

🔍 **本书配套资源下载网址和联系方式**

🌐 网址：https://www.wenjingketang.com
📞 电话：400-117-9835
✉ 邮箱：book@wenjingketang.com

目录 CONTENTS

项目一 沟通概述 ……………………… 1

任务一 了解沟通的基础知识 ………… 2
  任务导入 …………………………… 2
  一、沟通的含义 …………………… 3
  二、沟通的层次 …………………… 3
  三、影响沟通的因素 ……………… 4
  四、沟通的原则 …………………… 7
  五、沟通的作用 …………………… 9
  任务实施 …………………………… 11

任务二 熟悉沟通的类型 ……………… 13
  任务导入 …………………………… 13

  一、按信息载体分类 ……………… 14
  二、按是否有中间人分类 ………… 15
  三、按沟通渠道分类 ……………… 16
  四、按是否有信息反馈分类 ……… 17
  五、按信息流动方向分类 ………… 18
  任务实施 …………………………… 18

学习成果自测 ………………………… 20
学习成果评价 ………………………… 21

项目二 口头沟通技巧 ………………… 22

任务一 掌握说话技巧 ………………… 23
  任务导入 …………………………… 23
  一、了解说话对象 ………………… 23
  二、明确说话目的和内容 ………… 24
  三、恰当地说话 …………………… 25
  任务实施 …………………………… 27

任务二 学会有效倾听 ………………… 28
  任务导入 …………………………… 28
  一、倾听的意义 …………………… 28
  二、倾听的类型 …………………… 29

  三、倾听的障碍 …………………… 30
  四、有效倾听的技巧 ……………… 31
  任务实施 …………………………… 35

任务三 正确使用体态语言 …………… 36
  任务导入 …………………………… 36
  一、面部表情 ……………………… 37
  二、身体动作 ……………………… 40
  三、身体姿势 ……………………… 41
  四、身体接触 ……………………… 43
  任务实施 …………………………… 45

沟通技巧

任务四　正确使用辅助语言和
　　　　服饰语言 …………… 46
　　任务导入 ………………………… 46
　　一、辅助语言 …………………… 46
　　二、服饰语言 …………………… 48
　　任务实施 ………………………… 50
　学习成果自测 …………………… 51
　学习成果评价 …………………… 53

项目三　面谈技巧 …………………… 54

任务一　掌握面谈中的
　　　　沟通技巧 …………… 55
　　任务导入 ………………………… 55
　　一、遵守见面礼仪 ……………… 56
　　二、运用介绍技巧 ……………… 60
　　三、运用陈述技巧 ……………… 62
　　四、运用提问技巧 ……………… 63
　　五、运用回答技巧 ……………… 65
　　任务实施 ………………………… 66

任务二　熟悉常见面谈类型的
　　　　沟通技巧 …………… 67
　　任务导入 ………………………… 67
　　一、招聘面谈技巧 ……………… 67
　　二、绩效反馈面谈技巧 ………… 72
　　三、咨询面谈技巧 ……………… 75
　　任务实施 ………………………… 76
　学习成果自测 …………………… 78
　学习成果评价 …………………… 80

项目四　演讲技巧 …………………… 81

任务一　了解演讲 ……………… 82
　　任务导入 ………………………… 82
　　一、演讲的特点 ………………… 82
　　二、演讲的类型 ………………… 84
　　任务实施 ………………………… 86

任务二　熟悉演讲前的准备 …… 87
　　任务导入 ………………………… 87
　　一、选择演讲主题 ……………… 87
　　二、搜集演讲材料 ……………… 88
　　三、撰写演讲稿 ………………… 89

　　四、做好心理准备 ……………… 92
　　任务实施 ………………………… 92

任务三　掌握演讲的非语言技巧 …… 93
　　任务导入 ………………………… 93
　　一、体态语言技巧 ……………… 94
　　二、辅助语言技巧 ……………… 96
　　任务实施 ………………………… 98
　学习成果自测 …………………… 99
　学习成果评价 ………………… 101

项目五　电话沟通技巧 …………… 102

任务一　熟悉拨打电话的技巧 …… 103
　　任务导入 ……………………… 103
　　一、做好充分的准备 ………… 104

　　二、把握拨打电话的时机 …… 105
　　三、保持良好的状态 ………… 106
　　四、进行有效沟通 …………… 106

五、控制通话时间……………107
　　六、礼貌挂断电话……………107
　　任务实施………………………108
任务二　熟悉接听电话的技巧………109
　　任务导入………………………109
　　一、接听电话的一般技巧……110
　　二、转接和代接电话的技巧………112
　　三、处理特殊电话的技巧…………114
　　任务实施………………………115
学习成果自测……………………116
学习成果评价……………………118

项目六　网络沟通技巧 …………119

任务一　了解网络沟通………120
　　任务导入………………………120
　　一、网络沟通工具……………120
　　二、网络沟通的优缺点………122
　　任务实施………………………123
任务二　熟悉电子邮件和即时通信
　　　　软件沟通技巧……………125
　　任务导入………………………125
　　一、电子邮件沟通技巧………125
　　二、即时通信软件沟通技巧………128
　　任务实施………………………131
学习成果自测……………………132
学习成果评价……………………134

项目七　书面沟通技巧 …………135

任务一　了解书面沟通………136
　　任务导入………………………136
　　一、书面沟通的优缺点………137
　　二、书面沟通的流程…………138
　　三、沟通文书的类型…………140
　　任务实施………………………141
任务二　熟悉常用文书的写作技巧……143
　　任务导入………………………143
　　一、计划的写作技巧…………143
　　二、工作报告的写作技巧……145
　　三、通知的写作技巧…………146
　　四、求职信的写作技巧………148
　　五、简历的写作技巧…………150
　　任务实施………………………153
学习成果自测……………………154
学习成果评价……………………156

项目八　职场沟通技巧 …………157

任务一　熟悉与同事沟通的技巧……158
　　任务导入………………………158
　　一、日常沟通的技巧…………159
　　二、化解矛盾的技巧…………162
　　任务实施………………………164
任务二　熟悉与上级沟通的技巧……165
　　任务导入………………………165
　　一、向上级汇报工作的技巧……166

二、向上级提建议的技巧……………168
三、说服上级的技巧………………169
任务实施……………………………171
任务三　熟悉与下级沟通的技巧……172
任务导入……………………………172
一、下达指令的技巧………………173
二、表扬下级的技巧………………175
三、批评下级的技巧………………177
四、处理下级之间矛盾的技巧………178

任务实施……………………………179
任务四　熟悉与客户沟通的技巧……180
任务导入……………………………180
一、拜访客户的技巧………………181
二、接待客户的技巧………………182
三、处理客户投诉的技巧…………184
任务实施……………………………185
学习成果自测……………………………186
学习成果评价……………………………188

参考文献……………………………………………………………………………189

沟通概述

项目导读

沟通在人们的生活、学习和工作中具有非常重要的意义。只有通过沟通，人们才能相互了解，才能在行动上达成协调一致，实现共同的活动目标。沟通是一门艺术，为了实现有效沟通，需要先了解沟通的相关知识。

学习目标

知识目标

- 了解沟通的含义和层次。
- 熟悉影响沟通的因素。
- 熟悉沟通的原则和作用。
- 熟悉沟通的类型。

素质目标

- 认识沟通的重要性，树立正确的沟通理念。
- 在沟通过程中，尊重他人、信任他人、互帮互助。

 沟通技巧

任务一　了解沟通的基础知识

 任务导入

沟通的"魅力"

W公司最近总是要求员工加班，员工老周准备去与总经理理论。去前，老周义愤填膺地对同事说："天天加班，总经理太过分了，我一定要跟总经理好好理论一下！"

老周来到总经理办公室，对总经理秘书小刘说："我姓周，和总经理约好的。"

"总经理一直在等您。不过不巧的是，有位客户有急事找他，麻烦您稍等一下。"小刘客气地把老周带到会客室，请他坐下，又笑着问："您是喝咖啡还是喝茶？"

"我什么都不喝。"老周在沙发上坐下。

"总经理特别交代过，如果您喝茶，一定要泡上好的龙井茶。"

"那就喝茶吧！"

不一会儿，小刘端着泡好的龙井茶和一碟点心走了进来，并对老周说："您慢用，总经理马上就来。"

"我是老周，你没有弄错吧！"

"当然没有弄错，您是公司元老，总经理经常说您最辛苦了，一般同事加班到晚上八点，您一般得忙到九点，他实在是过意不去。"

正说着，总经理大跨步地走进来，边跟老周握手边说道："听说您有急事？不好意思，我来晚了。"

"其实，也……也……也没什么大不了的，几位同事叫我来看看您……"

不知道为什么，老周那一肚子不吐不快的怨气瞬间就消失了。临走时，他不断地对总经理说："您辛苦，您辛苦，打扰了！"

思考：

（1）什么是沟通？

（2）老周与秘书小刘的沟通属于哪种层次？

一、沟通的含义

沟通是指人与人之间传递信息、沟通思想、交流情感的过程。完整的沟通过程如图 1-1 所示。

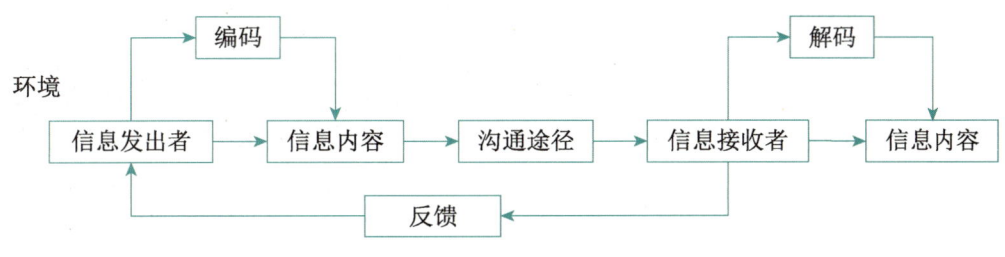

图 1-1　完整的沟通过程

由图 1-1 可以看出，沟通过程包含以下基本要素：

（1）信息发出者，是信息编码和传递人。

（2）信息接收者，是信息接收和解码人。

（3）信息内容，是信息发出者希望传达的观点、态度和意见等，包括用语言和副语言所表达的全部内容。

> **指点迷津**
>
> 　　副语言是指在交际过程中伴随语言出现的非语言。副语言主要可分为两类：一类是有声的，包括笑声、哭声、呻吟声、清嗓子声等；一类是无声的，包括手势、面部表情等。

（4）沟通途径，是信息从信息发出者传递到信息接收者所通过的渠道。

（5）反馈，是信息从信息接收者返回到信息发出者的过程。

（6）环境，是沟通时所处的场所。

二、沟通的层次

根据沟通双方的信任度、参与度的不同，沟通可分为由低到高五个层次，具体如下。

（一）一般性沟通

在一般性沟通中，沟通双方只交谈一些表面的、简单的、应酬性的内容，如相互问候、谈论天气等。一般性沟通适用于初次交往的双方，因为不涉及私人问题，所以会使沟通双方感到比较安全。沟通双方若有意建立更深层次的人际关系，则需要运用一定的沟通技巧，

尽快建立信任关系，促进沟通向更高层次发展。

（二）事务性沟通

在事务性沟通中，沟通双方只简单地陈述事实，不发表个人意见，也不牵扯私人关系。事务性沟通一般适用于工作中，目的是将信息准确地传递给对方。

（三）分享性沟通

在分享性沟通中，沟通双方除了谈论事务外，还会交流个人想法。分享性沟通建立在沟通双方有一定信任度的基础之上，沟通双方都希望分享自己的想法，以达到相互理解的目的。

（四）情感性沟通

在情感性沟通中，沟通双方除了会分享自己的想法外，还会表达自己的情感和愿望。一般来说，交往时间较长、信任度较高的人之间才会进行情感性沟通。

（五）共鸣性沟通

在共鸣性沟通中，沟通双方可以产生短暂的情感共鸣，即不需要使用任何语言就能完全理解对方所要表达的意思和对方的体验与感受。一般来说，只有相知的人之间才能达到这个沟通层次。

请判断下列沟通的层次：

（1）秘书小贾向赵经理报告上午十点接待W公司钱经理的事宜。

（2）销售部夏经理和采购部王经理经常就公司应采购的产品进行交流。夏经理将市场上最近热销的产品告诉王经理，两人一起分析该产品畅销的原因，然后王经理根据分析结果采购更优质的产品。

（3）早上，小孙在电梯遇到其他部门的同事小胡，两人进行了简单的问候。

（4）小吴和好久没见的好朋友一起聊天，谈论两人的近况并表达了对对方的想念之情。

三、影响沟通的因素

影响沟通的因素主要有个人因素、社会因素和环境因素等。

（一）个人因素

1. 生理因素

（1）年龄、性别。在沟通中，沟通者的年龄、性别不同，对沟通效果会产生不同程度的影响。例如，在年龄方面，幼儿一般难以理解很多专业词汇和复杂词汇，老年人一般难以理解一些网络用语。因此，在沟通过程中，应根据对方的年龄、性别等的差异，灵活运用沟通技巧。

（2）暂时性身体不适，包括疼痛、饥饿、疲劳等。沟通者身体不适时难以集中精力，甚至不愿意沟通。但当身体状况好转后，沟通就能正常进行。因此，应选择在沟通对象身体状况良好时与其沟通。

（3）生理缺陷。生理缺陷主要包括以下几种情况：① 肢体不健全；② 感官功能不健全，如失聪、失明等；③ 智力发育不健全。在与有生理缺陷的沟通对象沟通时，应采用特殊的沟通方式，如与听障人士沟通时需要使用手语，如图1-2所示。

图1-2　使用手语

2. 心理因素

（1）性格。一般来说，性格外向的人热情、开朗、健谈，与其沟通时比较轻松；性格内向的人谨慎、安静、含蓄，不喜社交活动，与其沟通时需要加以引导。

（2）认知。认知是指人们认识客观事物、获得知识的活动。由于个人经历和生活环境的不同，人们对事物的认知存在差异。一般来说，沟通双方的认知水平越接近，知识面重叠度越高，越有利于沟通。

（3）情绪。愉快、满意等积极情绪，会增加沟通双方的沟通兴趣；愤怒、紧张、恐惧等消极情绪，会干扰沟通双方传递和接收信息。

沟通技巧

故事讲堂

秀才买柴

古时候，有一个秀才去买柴。他对卖柴的人说："荷薪者（担柴的人）过来！"卖柴的人听不懂"荷薪者"三个字，但是他听懂了"过来"两个字。于是，他把柴担到了秀才面前。

秀才问："其价如何？"卖柴的人听不太懂这句话，但是听懂了"价"这个字，于是他告诉了秀才柴的价格。

秀才接着说："外实而内虚，烟多而焰少，请损之（你的柴表面是干的，里头却是湿的，燃烧起来，会浓烟多而火焰小，请便宜点吧）。"卖柴的人听不懂秀才的话（见图1-3），于是担着柴走了。

图1-3　秀才买柴

（二）社会因素

社会因素与各地区的文化息息相关，主要包括特定的价值观、行为方式、伦理道德规范、宗教信仰、风俗习惯等。不同地区、民族的文化有其鲜明的特征，会影响人们沟通的内容和形式。因此，在与人沟通时，应注意"入乡随俗"，理解、尊重对方的文化传统和风俗习惯，以便沟通顺利进行。

（三）环境因素

1. 安静度

当人们进行口头沟通时，安静的环境是确保有效沟通的前提。电话铃声、开关门窗的声音、嘈杂的脚步声以及与沟通无关的谈笑声等，都会影响沟通的正常进行。因此，在与人沟通时，应尽量选择安静的环境，注意避开噪声源。

2. 环境氛围

沟通环境的光线、温度、气味、色彩等，都会影响沟通。沟通场所光线昏暗，易使沟通者看不清对方的表情。室温过高或过低、室内有难闻的气味等，会使沟通者难以集中注意力。色彩单调、素雅的环境布置，有利于沟通者集中精力进行正式沟通；色彩艳丽、鲜明的环境布置，可使沟通者感到放松、愉快，有利于促膝谈心。

3. 隐私条件

当沟通内容涉及个人隐私时，若有无关人员在场，便会阻碍沟通；而在较为隐秘的场所沟通，有利于沟通者消除顾虑，畅所欲言。

你有过沟通失败的经历吗？若有，是由什么导致的？

四、沟通的原则

人们在进行沟通时，应遵循以下原则。

（一）真实性原则

遵守沟通的真实性原则是进行良好沟通的基础和关键。只有建立在真实、客观基础上的沟通，才能让对方更好地了解和接受信息，进而获得良好的沟通效果。遵守沟通的真实性原则，应做好以下几点：

有效沟通，化解冲突

（1）在沟通前，充分了解和掌握相关的信息。只有掌握准确的信息，才能进行真实、客观的沟通。

（2）在沟通中，尊重事实，不要故意隐瞒或歪曲事实，避免主观臆断。

（3）在沟通中，表达自己真实的情感和感受，以促进双方之间的情感交流。

（二）简明性原则

在沟通过程中，应使用简洁明了的语言，以便对方理解和记忆，从而提高沟通效率和效果。遵守沟通的简明性原则，应做好以下几点：

（1）多使用短句，避免使用冗长或复杂的句子。

（2）多使用常见和易于理解的词汇，避免使用生僻或晦涩的词汇。

（3）根据沟通场合和沟通对象合理使用专业术语。与非专业人员沟通时，尽量避免使用专业术语。

（4）在表达自己的观点和意见时，避免使用过多的修饰语等。

（5）避免重复使用相同的词汇和句子，以免让对方产生厌烦情绪。

（三）准确性原则

遵守沟通的准确性原则是确保沟通效果和质量的关键，只有让对方准确、清晰地理解自己的意思和观点，才能达到沟通的目的。遵守沟通的准确性原则，应做好以下几点：

（1）使用准确和恰当的发音，避免使用模糊或含糊不清的发音。

（2）使用准确和恰当的词汇，避免使用模糊或含糊不清的词汇。

（3）明确表达自己的观点和意见。

（4）避免使用具有歧义的词汇或表达方式，以免引起误解。

（5）确保信息准确，避免传递错误或虚假的信息。

（6）及时给予反馈，以便更好地沟通。

请客

有个人邀请了甲、乙、丙、丁四个人一起吃饭，临近吃饭的时间，丁却迟迟未来。这个人急得团团转，脱口而出："该来的怎么还不来？"甲就在他身边，听到这句话，脸一沉，冷声道："看来我是不该来的？"于是起身告辞了。

这个人知道自己说错了话，很后悔，连忙对乙、丙说："不该走的却走了。"乙心想："原来该走的是我。"乙一甩袖子也走了。

丙比较了解这个人，知道他本意不是如此，于是说："你真不会说话，把他们都气走了。"这个人辩解道："我说的又不是他们。"丙一听也生气了，心想："这里只剩我一个人了，原来是说我啊！"丙也生气地走了。

（四）完整性原则

在沟通过程中，要保证沟通信息的完整性，避免遗漏或忽略某些重要信息，避免信息被截断或曲解。提供完整、全面的信息，有利于让对方充分了解和掌握所需的信息。

（五）礼貌性原则

沟通的礼貌性原则是指在沟通过程中，要有礼貌，做到尊重他人，保持态度谦和，以获得良好的沟通效果。遵守沟通的礼貌性原则，应做好以下几点：

（1）使用礼貌用语，如"请""谢谢""您好"等。

（2）尊重对方的观点和意见，避免使用具有攻击性或贬低对方的言辞。

（3）态度谦和，不傲慢自大。

（4）避免与对方发生争执。

（5）适时表达对对方的感激之情。

五、沟通的作用

沟通是人们生活中不可或缺的活动，是人们相互理解、相互合作、共同发展的桥梁。通过沟通，人们可以增进相互理解、提高工作效率、解决冲突和问题、促进个人成长、建立良好的人际关系等。

（一）增进相互理解

沟通是增进相互理解的重要途径。在日常生活中，人们常常需要与家人、朋友、同事或其他人沟通，了解彼此的想法和态度，以解决各种问题或交流情感，增进相互之间的理解。

同步案例

100 块钱的价值

一天，父亲下班回到家已经很晚了，他很累，也有点烦。刚进门，他看见五岁的儿子在等他。

"爸爸，我可以问您一个问题吗？"

"什么问题？"

"您一个小时可以赚多少钱？"

"这与你无关，你为什么问这个问题？"父亲生气地说。

"我只是想知道，请您告诉我。"孩子哀求道。

"我一个小时赚 100 块钱。"父亲回答说。

"哦，"孩子低下了头，接着又说，"爸爸，可以借我 50 块钱吗？"

父亲发怒了："如果你是要钱去买没用的玩具，就立刻给我回房间睡觉去！好好想想你为什么会这么自私。"

孩子默默地回到自己的房间，并关上了门。

父亲坐下来后还在生气。等到他平静下来，他觉得自己对孩子太凶了，没准孩子真的很想买什么东西，再说他平时很少要钱。

父亲走进孩子的房间："你睡了吗？"

"还没有，爸爸。"孩子回答。

父亲说："我刚才不应该发那么大的火，这是你要的 50 块钱。"

"谢谢爸爸。"孩子高兴地从枕头下拿出一些被弄皱的钞票，慢慢地数了起来。

"为什么你已经有钱了，却还要钱？"父亲不解地问。

"因为原来的钱不够，但现在凑够了，"孩子说，"爸爸，我现在有 100 块钱了，我可以向您买一个小时的时间吗？明天请您早一点回家，我想和您一起吃晚饭。"

（二）提高工作效率

沟通是提高工作效率的关键因素之一。在工作中，人们需要相互协作、相互配合，以确保工作的顺利完成。沟通可以促进团队成员之间的信息交流和协同合作，使工作更加高效、有序地进行。

（三）解决冲突和问题

沟通是解决冲突和问题的有效方法之一。在人际交往中，难免会出现各种冲突和问题，这时就需要通过沟通来解决。通过沟通，人们可以了解对方的观点和需求，寻找共同点和解决办法，从而达成共识或找到最佳解决方案。同时，沟通还有利于人们建立良好的反馈机制，及时发现和纠正问题。

（四）促进个人成长

沟通是促进个人成长的重要途径之一。通过沟通，人们可以更好地认识自己，了解自己的长处和不足，从而更好地发挥自己的长处，弥补自己的不足。此外，在与他人沟通的过程中，人们还可以学习到新的知识和技能（见图1-4），拓宽自己的视野，提高自己的综合素质。

图1-4　在沟通中学习

（五）建立良好的人际关系

沟通是建立良好人际关系的基础。在人际交往中，有效的沟通可以帮助人们更好地了解他人的需求和意愿，增进相互之间的理解，从而建立良好的人际关系。

项目一 沟通概述

任务实施

沟通能力测评

【实施步骤】

1. 测评

请根据自己的经历或想法如实回答以下问题。

（1）你跟新同学打成一片一般需要多久时间？

  A．一天

  B．一周

  C．十天甚至更久

（2）你发言时有人起哄，你会怎么做？

  A．礼貌地请他们不要这么做

  B．置之不理

  C．气愤地走下台

（3）上课时有人来找你，而你坐在后排，你会怎么做？

  A．悄悄地暗示教师，征得教师同意后从后门出去

  B．假装不知道，但是心里很着急

  C．偷偷从后门溜出去

（4）下课了，你有急事要早点走，而值日的同学想让你帮忙打扫教室，你会怎么做？

  A．对同学说："对不起，我有急事，下次一定帮你。"

  B．对同学说："不行，我有急事呢！"

  C．假装没听见，跑出教室

（5）开学不久，你被选为班长，你会怎么做？

  A．感谢同学的信任和支持，并表示一定会把工作做好

  B．自己默默地把工作做好

  C．认为别人选自己一定是别有用心，所以不停地推脱

（6）有同学跟你说："我告诉你一件事儿，你可不要跟别人说哦……"你会怎么说？

  A．"哦，谢谢你对我的信任。我不是知道这件事的第二个人吧？"

  B．"你都告诉我了，我怎么能不告诉别人呢？"

  C．"那你就别说了。"

（7）老师让你与另一名同学一起完成一项任务，而这名同学恰恰与你关系不好，你会怎么做？

  A．大方地与他（她）握手，并说："今后我们可是一条船上的人了！"

  B．勉强接受，但不配合他（她）的工作

  C．明确拒绝老师

（8）你和别人争论一个问题，眼看就要闹僵了，你会怎么做？

  A．立即说："好了，我们都静一静，可能是我错了。"

  B．坚持争论，不赢不休

  C．愤然离去，不欢而散

2．分析

每道题选 A 计 3 分，选 B 计 2 分，选 C 计 1 分。

  得分为 8~12 分：表明你的沟通能力较差。你应该经常与同学沟通，把自己看作集体中的一员，改变拘谨、自我封闭的现状。

  得分为 13~19 分：表明你的沟通能力较强。在大多数集体活动中，你都表现出色，但有时缺乏自信心，在沟通方面还需加强锻炼。

  得分为 20~24 分：表明你的沟通能力很强。你待人真诚、友善，在各种社交场合都表现得大方得体，同时还能团结各种力量。

3．分享

  与同学分享自己的测评结果，并分析、总结应如何进一步提高沟通能力。

【实施记录】

根据任务实施情况填写表 1-1。

表 1-1 任务实施记录表

班级		姓名		指导教师	
测评结果					
活动心得					

任务二　熟悉沟通的类型

任务导入

不会沟通的梁经理

研发部梁经理进公司不到一年，其主持的多个项目都取得了一定的成果，在工作上颇受分管领导李副总的赞赏。

李副总发现，梁经理几乎每天都加班，总是第一个来公司、最后一个离开公司，还经常在晚上给他发送电子邮件。但是，平常很难见到梁经理和其他同事沟通，其他同事也很少和梁经理一起留下来加班。

李副总很好奇梁经理是怎么和其他同事沟通工作的，于是开始观察梁经理的日常工作。原来，梁经理主要通过电子邮件给下属分配工作。下属收到电子邮件后，如果有疑问，也都是通过电子邮件与梁经理沟通，很少找他当面报告或讨论。李副总还发现，梁经理的下属对部门逐渐失去向心力，只执行交办的任务，不配合加班，不主动提出意见或问题。

有一天，李副总经过梁经理的办公室时，听到他与陈经理打电话讨论工作，经过陈经理的办公室时发现陈经理也在打电话。之后，李副总找到陈经理询问这件事，明明两位经理的办公室离得很近，两人为什么不当面讨论工作，而是要打电话。

陈经理笑答，电话是梁经理打来的，梁经理比较喜欢通过电话讨论工作，而不是当面沟通。陈经理曾试着到梁经理办公室谈，但梁经理不是用最短的时间结束谈话，就是眼睛一直盯着电脑屏幕，让他不得不赶紧离开。陈经理说，几次以后，他也宁愿用打电话的方式沟通，以免让别人觉得自己过于热情。

了解这些情况后，李副总找了梁经理谈话。梁经理觉得，工作效率应该是最重要的目标，所以他希望用最节省时间的方式进行沟通。李副总以过来人的经验告诉梁经理，工作效率的确重要，但良好的沟通会让工作进行得更顺利。

思考：

（1）沟通的类型有哪些？

（2）上述案例涉及了哪几种沟通类型？这几种沟通类型的优缺点是什么？

 沟通技巧

一、按信息载体分类

按信息载体分类，可以将沟通分为语言沟通和非语言沟通。

（一）语言沟通

语言沟通是指以语词符号为载体实现的沟通，主要包括口头沟通、书面沟通和电子沟通等。其中，口头沟通是指借助口头语言进行信息交流的沟通，主要包括面谈、演讲、电话沟通等形式。口头沟通是日常生活中使用范围最广、频率最高的沟通方式。书面沟通是指用书面语言进行信息交流的沟通，主要包括报告、备忘录、信件、内部报刊、布告等形式。电子沟通是指以计算机技术与电子通信技术组合而产生的信息交流技术为基础进行的沟通。

 见多识广

口头沟通的优缺点

1. 口头沟通的优点

（1）沟通效果较好。口头沟通多为面对面交流，沟通双方在信息传递过程中，不仅可以使用口头语言，还可以借助手势、面部表情、语调等副语言和投影仪等视觉辅助工具，有助于增强沟通效果。尤其是在双方对所沟通的问题知之甚少或者分歧比较大的情况下，口头沟通的效果远远超过其他沟通方式。

（2）沟通效率较高。口头沟通的效率较高，主要表现在以下三个方面：① 信息传递及时，口头语言不需要书写和印刷，只要符合逻辑、让信息接收者明白即可，因此信息发出者能够及时传递信息；② 信息接收及时，信息接收者可以在信息发出者发出信息的同时接收信息，不存在时间差；③ 信息反馈及时，信息接收者如果对信息有疑问，可以迅速反馈，让信息发出者及时解释或更正。

（3）有利于建立友好关系。在口头沟通过程中，沟通双方可以看到对方的面部表情、身体姿态，感受到对方的情绪和态度，有助于双方达成一致意见，增强彼此之间的认同感，从而建立起友好关系。

2. 口头沟通的缺点

（1）信息不易保存。如果在口头沟通过程中不录音、录视频等，双方沟通的信息就难以保存，只能依靠沟通双方的记忆重现。一旦事后出现争议，就会缺乏核查依据。

（2）容易导致信息失真。口头沟通所表达的信息是通过口头语言传播的，信息接收者可能会因为漏听或误听而曲解信息。在口头沟通中，经过的中间环节越多，信息失真的可能性就越大。

（二）非语言沟通

非语言沟通是指通过声音、视觉、嗅觉、触觉等多种渠道传递信息的沟通。在人际交往中，非语言沟通占有非常重要的地位，通过非语言沟通，人们既能表达个人内心的真实感受，又能表达很多难以用语言表达的情感、情绪等。具体来说，非语言沟通主要具有以下作用：

（1）强调。人们可以通过非语言沟通来强调语言沟通的内容。例如，在指责他人时，人们会有意提高语调，或者摆出指责的姿势，如图1-5所示。

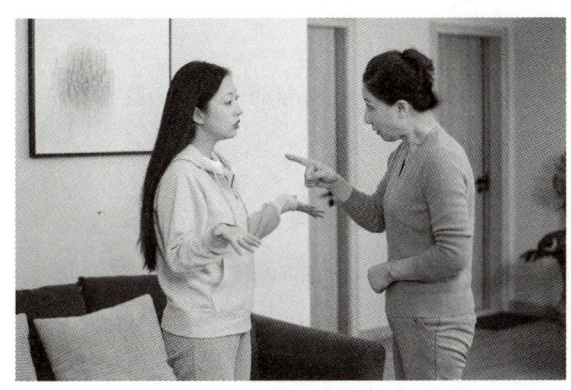

图1-5　指责他人

（2）补充。非语言沟通可以用来补充语言信息，以充分表达人们的想法和感受。例如，当人们做错事情时，会在语言上表示承认错误并且接受批评，还会通过面部表情、身体动作等表现出忏悔、痛苦等情绪，成为对语言信息的补充，从而使对方感受到更丰富的信息。

（3）替代。在现实生活中，非语言沟通可以替代语言沟通传递一些信息，起到"无声胜有声"的效果。例如，当别人问"怎么了"的时候，人们可能会直接说出自己的感受，也可能会用耸耸肩或者高兴得跳起来等动作来替代语言表达。

二、按是否有中间人分类

按是否有中间人分类，可以将沟通分为直接沟通和间接沟通。

（一）直接沟通

直接沟通是指信息发出者和信息接收者直接进行的沟通，如沟通双方进行面谈或借助电话等通信工具直接对话等。直接沟通的优点是沟通双方能够直接感受到对方的情绪，一般不会出现信息遗漏或失真的情况，而且反馈迅速，因此沟通效果较好；缺点是当沟通双方的情绪波动较大时，会影响沟通进程。例如，A说的话让B感到不满时，B很可能会直

 沟通技巧

接回击，双方的交谈就可能演变为争吵，从而造成沟通中断。

（二）间接沟通

间接沟通是指信息发出者和信息接收者之间存在一个或一个以上中间人的沟通。例如，总经理的指示经过部门经理、车间主任、工长等中间人传达给工人。间接沟通的优点是沟通效果不会受到情感、沟通氛围等因素的影响；缺点是在沟通过程中无法体现沟通双方的态度、情感，而且中间人过多时可能会造成信息遗漏或失真。

三、按沟通渠道分类

按沟通渠道分类，可以将沟通分为正式沟通和非正式沟通。

（一）正式沟通

正式沟通（见图1-6）是指以正式组织系统为渠道的沟通，如上级给下级下达命令，下级向上级汇报情况等。正式沟通的优点是正规、沟通渠道固定、具有较强的约束力和权威性，易于保持沟通信息的准确性；缺点是沟通速度慢、沟通形式刻板，如果组织管理层次多、沟通渠道长，就容易造成信息失真。在正式沟通过程中，沟通双方非常注重语言和副语言的传递，如非常注重用词的准确性，对于衣着、身体姿势、目光接触等也会十分注意，以便为自己塑造良好的形象。

图1-6　正式沟通

（二）非正式沟通

非正式沟通是指以非正式组织系统或个人为渠道的沟通，如员工在餐厅、健身房等场所的沟通等。非正式沟通的优点是沟通范围广、沟通速度快、沟通形式灵活，能获取正式沟通无法获取的信息；缺点是组织难以控制、信息容易失真。人们在非正式沟通中往往更容易表达出自己的思想、动机、态度、情感和目的，而且对语言和副语言的使用都比较随意。

四、按是否有信息反馈分类

按是否有信息反馈分类，可以将沟通分为单向沟通和双向沟通。

（一）单向沟通

单向沟通是指没有信息反馈的沟通，如指示、通知、命令等。单向沟通速度快，信息发出者压力小，但是信息接收者没有反馈的机会，难以产生平等感和参与感，采用这种沟通不利于双方建立情感联系。单向沟通主要适用于以下情况：① 问题较简单，且时间紧迫；② 对方易于接受；③ 对方没有掌握足够的信息，反馈后反而容易混淆视听；④ 信息发出者缺乏处理反馈信息的能力。

（二）双向沟通

双向沟通是指有信息反馈的沟通，如讨论（见图1-7）、协商等。双向沟通的信息准确性较高，信息接收者有反馈的机会，容易产生平等感和参与感，采用这种沟通有助于双方建立情感联系。双向沟通主要适用于以下情况：① 问题较复杂，且时间较充裕；② 对方的接受程度较高；③ 对方能够提供有价值的信息，有助于解决问题；④ 信息发出者习惯于双向沟通，并且能够有效处理反馈信息。

图1-7 讨论

同步案例

M公司的双向沟通

为了保证公司内部沟通顺畅，M公司采取了以下措施：

（1）实行高层管理者面谈制度。员工可以与高层管理者（级别要高于员工的直接上级）进行正式面谈，并且面谈内容是保密的。员工可以提出自己关心的问题，高层管理者会认真记录，并将问题反映给有关部门。

（2）鼓励员工"直言不讳"。人力资源部会通过开展定期的员工意见调查来了解员工对公司的工作环境、规章制度、薪酬待遇等方面的综合意见，整理后交由相关部门处理，并将处理结果反馈给意见提出者。如果在10个工作日内不能处理完，人力资源部也会做出相应的说明。

（3）实施"门户开放"制。员工遇到问题时，首先应向自己的直接上级提出，如果对解决方案不满意，可以向更高一级的经理汇报，如果仍不满意，则可以向人力资源部经理或总经理申诉。在必要的情况下，申诉受理人会指定一名资深人员在公司内部进行保密调查，然后提出最终解决方案。

五、按信息流动方向分类

按信息流动方向分类，可以将沟通分为上行沟通、下行沟通和平行沟通。

（一）上行沟通

上行沟通是指信息从较低的组织层级流向较高的组织层级的沟通，即自下而上的沟通，如下级向上级汇报工作、反映问题等。上行沟通便于管理者了解组织的现状、组织成员对组织的看法，获得改进工作的意见等。

（二）下行沟通

下行沟通是指信息从较高的组织层级流向较低的组织层级的沟通，即自上而下的沟通，如上级向下级下达命令、安排任务等。下行沟通有利于组织成员及时了解组织目标和上级意图，增强对组织的归属感。

（三）平行沟通

平行沟通是指同一组织层级的个体之间的沟通。平行沟通是在分工的基础上产生的，是协作的前提。平行沟通可以增进组织成员之间的相互了解，减少矛盾，有利于其培养全局观念和合作精神，从而提高工作效率。

任务实施

搜集并分析案例

【实施步骤】

（1）学生自由分组，4～6人为一组，并选出一名组长。

（2）各小组至少搜集三个沟通案例，并分析这些案例分别涉及哪些沟通类型，这些沟通类型的优缺点有哪些，这些沟通类型分别适用于哪些沟通情景。

（3）小组成员整理所搜集的资料和分析结果，并制作 PPT。

（4）组长在课堂上展示本小组制作的 PPT，指导教师进行点评。

大学课程安排的沟通案例

【实施记录】

根据任务实施情况填写表 1-2。

表 1-2　任务实施记录表

班级		组号		指导教师	
小组成员	姓名		学号		任务分工
案例要点					
分析结果					
活动心得					

学习成果自测

1. 填空题

（1）沟通是指人与人之间传递信息、_____、_____的过程。

（2）根据沟通双方的信任度、参与度的不同，沟通可分为一般性沟通、_____、分享性沟通、_____、_____五个层次。

（3）_____要求沟通双方尊重事实，不要故意隐瞒或歪曲事实，避免主观臆断。

（4）按信息流动方向分类，可以将沟通分为_____、_____和_____。

2. 单项选择题

（1）在（　　）中，沟通双方除了会分享自己的想法外，还会表达自己的情感和愿望。

　　A．一般性沟通　　B．分享性沟通　　C．情感性沟通　　D．事务性沟通

（2）在沟通中使用准确和恰当的发音，避免使用模糊或含糊不清的发音，这属于沟通的（　　）。

　　A．真实性原则　　B．简明性原则　　C．准确性原则　　D．完整性原则

（3）小胡和小孙因为公司优秀员工的评比产生了矛盾，他们经常通过同事小张进行沟通。小胡和小孙之间的沟通属于（　　）。

　　A．间接沟通　　B．正式沟通　　C．直接沟通　　D．单向沟通

（4）（　　）是日常生活中使用范围最广、频率最高的沟通方式。

　　A．书面沟通　　B．正式沟通　　C．电子沟通　　D．口头沟通

3. 多项选择题

（1）影响人际沟通的因素主要有（　　）。

　　A．环境因素　　B．政策因素　　C．个人因素　　D．社会因素

（2）语言沟通主要包括（　　）。

　　A．口头沟通　　B．书面沟通　　C．身体沟通　　D．电子沟通

（3）非语言沟通的作用主要有（　　）。

　　A．强调语言沟通的内容

　　B．补充语言信息，表达人们的想法和感受

　　C．替代语言沟通传递一些信息

　　D．完全替代语言沟通

（4）按是否有中间人分类，可以将沟通分为（　　）。

　　A．直接沟通　　B．间接沟通　　C．正式沟通　　D．非正式沟通

（5）以下选项中，属于单向沟通的有（　　）。

　　A．指示　　B．交谈　　C．命令　　D．通知

4. 简答题

（1）简述影响沟通的个人因素。

（2）简述沟通的作用。

（3）简述正式沟通和非正式沟通的优缺点。

学习成果评价

请进行学习成果评价，并将评价结果填入表 1-3 中。

表 1-3　学习成果评价表

班级		指导教师		日期	
姓名		学号			
项目名称			沟通概述		
评价项目	评价内容		分值	自我评分	教师评分
知识（40%）	沟通的含义和层次		8		
	影响沟通的因素		7		
	沟通的原则和作用		10		
	沟通的类型		15		
技能（40%）	能够按照沟通的原则进行沟通		20		
	能够区分沟通的类型，并根据沟通情景采用合适的沟通方式		20		
素养（20%）	具备良好的学习态度，积极参与实践活动		5		
	具备良好的团队精神和团队协作能力		5		
	树立正确的沟通理念		5		
	尊重他人、信任他人、互帮互助		5		
	合计		100		
总分（自我评分×40%+教师评分×60%）					
自我评价					
教师评价					

项目二 口头沟通技巧

项目导读

在日常生活、学习和工作中，口头沟通无处不在。有效的口头沟通，能准确地传达观点、思想和情感，拉近沟通双方之间的距离。在口头沟通过程中，不仅要灵活运用说话技巧和倾听技巧，还要正确使用体态语言、辅助语言和服饰语言等。

学习目标

知识目标

- 掌握说话技巧的相关知识。
- 熟悉倾听的意义、类型和障碍。
- 掌握有效倾听的技巧。
- 熟悉面部表情、身体动作、身体姿势、身体接触的相关知识。
- 熟悉辅助语言和服饰语言的相关知识。

素质目标

- 在倾听过程中学会将心比心、换位思考，培养良好的沟通态度。
- 坚定文化自信，赓续中华文脉，做好中华优秀传统文化的传承者和弘扬者。

项目二 口头沟通技巧

任务一 掌握说话技巧

任务导入

见什么人，说什么话

有一则笑话，说一个人擅长奉承。一日请客，客人到齐后，他一一问客人是怎么来的。第一位客人说自己是坐出租车来的，他竖起大拇指，说道："潇洒，潇洒！"第二位客人是位领导，说自己是开车来的。他惊叹道："时髦，时髦！"第三位客人显得不好意思，说自己是骑自行车来的。他拍着客人的肩头连声称赞道："廉洁，廉洁！"第四位客人无权也无势，还不幸遗失了自行车，说自己是走着来的。他羡慕地说道："健康，健康！"第五位客人见他"吹捧技术"高超，想刁难一下他，便说自己是爬着来的。他击掌叫好，说道："稳当，稳当！"

思考：
（1）上述案例中，请客的人奉承他人的依据是什么？
（2）与人说话时应注意什么？

熟练运用说话技巧，有助于提高话语的说服力和感染力，增强沟通效果。在说话前，说话者要先了解说话对象，明确说话目的和内容。在说话时，说话者要注意恰当表达。

一、了解说话对象

知彼知己，百战不殆。在说话前，说话者需要了解说话对象的相关情况，并根据具体情况采用合适的说话方式和技巧。

（1）性格。事先了解说话对象的性格，说话时做到"投其所好"，才能达到事半功倍的效果。例如，与热情、外向的人说话时，可多给予掌声和赞美声；与细腻、敏感的人说话时，需要十分谨慎；与内向、冷静、拘谨的人说话时，需要热情、认真。

（2）年龄。不同年龄层次的人喜欢的话题不同。例如，老年人一般喜欢聊儿孙、往事，中年人一般喜欢聊事业、家庭，青年人一般喜欢聊时事和比较新奇的事物。因此，在与不同年龄层次的人说话时，应选择不同的话题。此外，和与自己处于不同年龄层次的人说话时，要采用不同的态度。例如，和比自己年长的人说话时态度要恭敬，和同龄人说话（见图 2-1）时态度可随意一些，和比自己年轻的人说话时态度要温和、亲切。

图 2-1　与同龄人说话

（3）文化层次。不同文化层次的人，其知识面、理解能力有所不同。因此，说话时应根据对方的文化层次选择合适的说话内容和方式，力求让说话对象真正理解说话者表达的意思，以免出现"秀才遇上兵，有理说不清"的情形。

（4）情绪。在人际交往中，情绪往往对说话效果起着关键性作用，积极情绪有利于沟通的顺利进行，消极情绪则容易导致沟通不畅。因此，与人说话时，既要使自己保持积极情绪，又要避免在对方情绪不佳时与其说话，以免信息被扭曲。

故事讲堂

因材施教

孔子学识渊博，诲人不倦，深受学生的尊敬。一次，孔子的学生子路请教他："如果我听到了我认为好的意见，就马上照做，这样对吗？"孔子严肃地说："不对。你做事不能自以为是，应该先听听长辈的意见。"

过了几天，孔子的另一个学生冉有也向孔子请教同样的问题。孔子听后，立即表示赞同，说："当然对呀。只要听到了好的意见，你就应该马上照做。"

一直跟随在孔子身边的学生公西华，听到老师在回答同一个问题时却给出正好相反的答案，很不理解，就问孔子："先生，您为什么要这样回答他们呢？"

孔子解释说："因为冉有平常做事谨小慎微，顾虑重重，我要鼓励他勇往直前，所以教他听到了好的意见后，就马上照做。而子路虽然勇敢，但做事比较鲁莽，所以我要提醒他做事时稳重一些，多听听长辈的意见，三思而后行。"公西华听了，对老师这种因材施教的做法佩服不已。

二、明确说话目的和内容

清晰的说话目的可以为说话者提供指引，匡正说话时的行为偏差，避免无效说话。例如，一位企业管理者因为业务进展需要与老板沟通，那么，他在推开老板办公室的门之前，就必须明确自己此行的目的——是汇报业务进展情况，还是讨论业务发展计划；是简单汇报，还是寻求新的指示；是就业务本身进行沟通，还是借此机会谈论其他问题；等等。

此外，在说话前还应明确说话的具体内容。说话内容应有针对性，言简意赅，语意明确，以免造成误解。同时，应尽量使用通俗易懂的语言，只有在确认对方能理解的情况下，方可使用专业术语。

故事讲堂

逸马杀犬于道

北宋欧阳修在翰林院任职的时候，经常和同僚一起外出游玩。有一次，他们路过一条街道时，看到一匹马因为受惊而飞奔，踩死了一条睡在路上的狗。

欧阳修灵机一动，说："不如我们各自描述一下刚刚发生的事情吧！"

其中一位同僚率先说道："有犬卧于通衢，逸马蹄而杀之。"另一位同僚说道："有马逸于街衢，卧犬遭之而毙。"

欧阳修听后笑着说："如果让你们去修史，恐怕一万卷也写不完啊！"

有人问道："那你如何描述呢？"

只见欧阳修捻须一笑，说了六个字："逸马杀犬于道。"意思是，奔马在路上踩死了一条狗。其他人听后连连称赞，被欧阳修的言简意赅所折服。

三、恰当地说话

在说话时，恰当地将想要说的话表达出来，有利于说话对象理解说话内容，从而提高说话效率。要想做到恰当表达，应做到以下几点。

（一）以情动人，以理服人

说话时，要态度真诚，以真情打动对方，以取得对方的信任和好感。如果说话时闪烁其词或语言生硬，必然会给对方留下不好的印象，不利于相互理解和交流情感。此外，说话时，还要有的放矢，以使对方对说话内容感兴趣并愿意接受。

（二）委婉、含蓄

有些话如果直接说出来，可能会让对方感到不快甚至反感，此时说话者就可以用一种委婉的方式说出来。例如，想让别人立即去某个地方时，不宜说"你现在就去"，而宜说"你是不是现在去一趟"；拒绝别人时，可使用"可以吗""好吗""你说呢"等征询式的反问句。

（三）巧妙把握时机

说话时，要巧妙把握时机，在该说的时候说。如果对方正在与他人攀谈，或者正忙于重要工作，就不宜前去与其说话。如果不顾对方的心情，不注意当时所处的环境，在不该说话的时候抢着说，则很可能会引起对方的误解甚至反感。如果在该说的时候不说，就容易错失良机。

江乙说于安陵君

江乙劝导安陵君，说：“您对楚国没有丝毫的功劳，也没有骨肉之亲可以依靠，却身居高位，享受厚禄。百姓见到您，都整理衣帽，毕恭毕敬地向您行礼，这是为什么呢？"

安陵君回答说：“这不过是因为楚王提拔我罢了，否则我不可能有这样的地位。"

江乙说：“用金钱与别人结交，当金钱用完了，交情也就断绝了；用美色与别人结交，当容颜不再，爱情也就改变了。您现在独揽楚国的权势，可身上并没有能用来与楚王长久维持交情的东西，我为您感到担忧。"

安陵君说：“那可怎么办呢？"

江乙说：“您一定要请求楚王随他而死，为他殉葬，这样，您在楚国必能长期受到尊重。"

安陵君说：“谨遵您的教导。"

三年过去，安陵君仍然没有照做。江乙又拜见他，说：“我对您说的话，您到现在也没有照做。既然您不采纳我的建议，那我从此就不会再见您了。"

安陵君说：“我实在不敢忘记先生的教导，只因没有遇到好的机会啊！"

过了几日，楚王外出游猎。在游猎过程中，一头犀牛忽然发狂似的朝马车直冲而来，楚王拉弓搭箭，射死了犀牛。楚王仰天大笑，说：“今天我实在太高兴了！可是我百年之后，又能和谁一起享受这种快乐呢？"

安陵君便上前对楚王说：“我在宫内和大王同席而坐，外出和大王同车而行。大王百年之后，我愿随您而死，在黄泉之下做您的席垫，以免蝼蚁来侵扰您。还有什么比这更快乐的事呢！"楚王听了万分高兴，于是正式封他为安陵君。

（四）注意场合

说话时，要注意场合是否庄重、喜庆、安静等。一般来说，在严肃、庄重的场合，说话要慎重，不宜开玩笑；在喜庆的场合，不要说不吉利的话；在安静的场合（见图2-2），尽量少说话，无法避免说话时必须注意控制音量。

不同场合下的说话技巧

项目二　口头沟通技巧

图 2-2　安静的场合

 任务实施

小游戏——猜成语

【实施步骤】

（1）学生自由分组，4~6 人为一组。

（2）指导教师提前准备若干张白纸，并在每张白纸上写下三个不同的成语。

（3）各小组派两名代表坐在椅子上，面对小组其他成员。

（4）指导教师站在小组代表身后举起白纸，并请小组其他成员分别用语言形容白纸上的三个成语（不能直接说出该成语或其中的任何一个字），直至小组代表猜出所有成语。用时最短的小组获胜。

【实施记录】

根据任务实施情况填写表 2-1。

表 2-1　任务实施记录表

班级				组号		指导教师	
小组成员	姓名		学号			任务分工	
活动心得							

 沟通技巧

任务二　学会有效倾听

 任务导入

与成功失之交臂

小赵经过了很长时间的努力才让客户决定买车。然而，在马上就要签合同的时候，对方却突然拂袖而去。

小赵为此懊恼了一下午，百思不得其解。到了晚上11点，他忍不住打电话给客户："您好！我是阳光汽车销售公司的小赵，今天下午您突然就决定不买车了。我想问问您是什么原因。"

"你知道现在是什么时候吗？"

"非常抱歉，我知道现在已经很晚了，但是我检讨了一下午，实在想不出自己错在哪里，因此特地打电话向您请教。"

"真的吗？"

"肺腑之言。"

"很好！你在用心听我说话吗？"

"非常用心。"

"可是今天下午你根本没有用心听我说话。就在签合同之前，我提到我儿子即将进入大学读医学专业，我还提到他的高考成绩和他的抱负，我以他为荣，但是你毫无反应。"

小赵完全不记得对方曾说过这些事。当时，他以为已经谈妥这笔生意了，就没有用心听对方在说什么，而是在听周围人说话。

思考：

（1）小赵为什么会错失客户？

（2）有效倾听的技巧有哪些？

一、倾听的意义

倾听是指凭借听觉器官接收语言信息，进而通过思维活动实现认知、理解的全过程。倾听实质上是说话者与倾听者互动的过程，它不仅包括说话者的语言表达，而且包括倾听

者的主动参与。倾听的意义主要体现在以下几个方面：

（1）有助于拉近关系。认真倾听可以让说话者感受到被关注和被尊重，使其更容易敞开心扉，从而迅速拉近双方的关系。

（2）有助于获取信息。专心倾听，有助于获取全面、真实的信息。如果没有专心倾听，就容易忽略某些重要信息或者无法理解说话者的言外之意。

（3）有助于提高沟通效率。倾听可以让沟通双方克服各种各样的沟通障碍，如环境嘈杂、时间紧迫、文化层次的差异等，避免因信息差而导致沟通失败。

请谈一谈"倾听"和"听"有何区别。

二、倾听的类型

按倾听目的分类，可以将倾听分为以下几种类型。

（一）获取信息式倾听

获取信息式倾听是指倾听者为了了解某种知识、技能而向他人学习，或就某一问题征求他人意见的倾听形式。在倾听过程中，倾听者需要将注意力集中在说话者所说的内容上，识别中心思想，理解并吸收相关信息。获取信息式倾听多发生在身份、地位存在明显差别的人之间，如下级听上级指示、学生听教师讲课（见图2-3）等。

"倾听"和"听"的区别

图2-3　学生听教师讲课

（二）批判式倾听

批判式倾听是指倾听者在倾听的同时，对获取的信息进行分辨、筛选、整理、加工的倾听形式。在倾听过程中，倾听者除了识别所听内容的中心思想外，还会对所听内容进行分析、判断，以验证观点是否合情、合理，信息是否准确、可靠，等等。

（三）移情式倾听

移情式倾听是指倾听者在倾听过程中设法从说话者的角度来理解其感受，并做出反应的倾听形式。在倾听过程中，倾听者需要将自己的情感放在一边，深入感受说话者的情感，并采取语言手段或非语言手段真诚地予以回应。

移情式倾听的本质不是要求倾听者赞同对方，而是要求倾听者在情感上充分地理解对方，并与对方进行深入沟通。

（四）享乐式倾听

享乐式倾听是指为了享乐、放松而进行的倾听，如欣赏话剧等。享乐式倾听通常在轻松、愉快的氛围下进行，有助于倾听者缓解压力、消除疲劳，进而提高办事效率。

三、倾听的障碍

倾听的障碍主要有环境障碍、倾听者和说话者自身的障碍。

（一）环境障碍

环境障碍是指在倾听过程中，外部环境中的声音、气味、光线、色彩、设备布局等对倾听产生的不利影响。

环境障碍对倾听的影响主要体现在以下两个方面：

（1）影响信息的传递。例如，在声音嘈杂的场所沟通，会导致倾听者无法听清说话者说的话，或者误解信息，从而使得沟通效果大打折扣。

（2）影响沟通双方的情绪，从而影响沟通的效果。例如，在气氛严肃的办公室，倾听者容易感到紧张，可能会忽视某些信息；而在气氛轻松的宴会上，倾听者往往更容易理解说话者的话。

（二）倾听者和说话者自身的障碍

倾听者和说话者自身的一些因素也会导致倾听障碍的产生，从而影响倾听的效果。倾听者和说话者自身的障碍主要体现在以下几个方面。

1. 知识、经历及文化背景差异

通常情况下，说话者会以自己的知识、经历及文化背景为基础传递信息，而倾听者也

会以自己的知识、经历及文化背景为基础对接收到的信息进行处理。如果沟通双方在知识、经历及文化背景方面存在较大差异，那么倾听者可能会陷入倾听困境，无法精准地理解说话者传递的信息，从而导致沟通失败。

同步案例

无法回应的小袁

两家公司的代表小章和小袁正在讨论一个合作项目。小章在计算机领域工作，而小袁却不懂计算机领域的知识。

小章说："我们正在研发一个全新的移动 VPN（虚拟专用网络）解决方案，这项工作非常有意义。有了这个方案，我们不仅可以增强 BYOD（自带设备）的移动性，而且能够实现无缝衔接，保护公司的资源。真想立刻就能看到成果。"

小袁虽然听到了"移动 VPN""BYOD 的移动性"等词汇，但无法理解这些词汇的含义，更无法做出回应。

2. 信息过滤

信息过滤是指说话者在利己的心态下，或是在缺乏沟通意愿时，有意更改相关信息，使得真实的信息无法传递给倾听者。例如，在推介产品时，卖方可能会有意地隐瞒产品的缺点，以致买方获得的信息不真实、不全面。

3. 以自我为中心

以自我为中心是指倾听者凡事以自己的观点为主，把自己的利益放在最重要的位置，不换位思考。在倾听过程中，以自我为中心表现为倾听者无法接受与自己想法不一致的意见，或对其置若罔闻，以致错过重要信息。

四、有效倾听的技巧

在倾听过程中，倾听者不仅要积极、努力地理解说话者所表达的内容，获取重要信息，还要适当地参与，以鼓励说话者畅所欲言。具体来说，有效倾听的技巧主要有以下几个。

（一）专心倾听

专心倾听是指在倾听过程中，倾听者要尽量避免受环境影响，并用体态语言暗示说话者"我在倾听"。具体来说，倾听者应做到以下几点：

（1）尽量选择在安静的场所沟通（尤其是重要的沟通），避免在人来人往、嘈杂的场所沟通。

（2）与说话者保持目光接触（见图 2-4）。眼睛是心灵的窗户，人们在沟通时，总是不由自主地用目光表达各种思想感情。倾听者应柔和地注视说话者，以表示自己正在专心倾听。

沟通技巧

图 2-4　倾听时的目光接触

（3）及时对说话者所说的话表示肯定，这是尊重说话者的重要表现。

（二）避免偏见

偏见是指人们对人或事持有的一种不客观、不公正的否定态度，如不喜欢说话者的着装、口音等。在倾听过程中，偏见会左右倾听者的思维，容易导致倾听者对所接收的信息产生误解。因此，在倾听时，倾听者应尽量避免偏见，保持客观的态度。

避免偏见的方法如下：① 不断学习，增加自己的知识储备；② 自觉改变对他人的刻板印象，避免戴着"有色眼镜"来看待周围的人和事；③ 在倾听过程中尽量避免掺杂个人情绪，就事论事，用公正、客观的态度来处理倾听过程中接收到的信息。

（三）不急于下结论

在倾听过程中，倾听者要避免"只见树木，不见森林"，不要在接收到完整信息之前就盲目下结论，而要保持冷静、理智，在掌握全面、完整的信息之后，再对信息进行分析，并酌情给出结论。

具体来说，倾听者应做到以下两点：

（1）善于捕捉有用信息，抓住要点。某些说话者由于思维跳跃，或受环境的影响，所传递的信息可能是杂乱无章的。此时，倾听者应处处留心，从杂乱无章的信息中捕捉到信息要点，理智地进行分析，最终得出结论。

（2）在倾听时，即使内心已经有了定论，也不应急于表达出来，而应等接收到完整信息后再发表自己的看法。

同步案例

公交车共停了几站

小李从小计算能力尤其是心算能力就很强。一天，小李的朋友说："今天我要考考你，你听仔细了。某路公交车上有 8 个人，到了某站，上来 18 个人，下去 3 个人；到了下一站,上来 5 个人,下去 20 个人;又到了下一站,上来 16 个人,下去 2 个人;又到了下一站,上来 4 个人,下去 18 个人;又到了下一站,上来 7 个人,下去 4 个人;又到了下一站,上来 2 个人,下去 5 个人;又到了下一站,上来 9 个人,下去 5 个人;又到了下一站,上来 6 个人,下去 10 个人。"

小李说:"这题目太简单了,车上还是 8 个人嘛!"

朋友说:"不,不,我想问你,这趟车共停了几站?"

(四)适当地给予反馈

在倾听过程中频繁插话,或全程一言不发,都是不礼貌的行为。适当地通过提问等方式给予反馈,不仅可表示倾听者在认真倾听,拉近彼此的关系,而且可使话题向双方共同关心的方向发展。

一方面,倾听者要把握好反馈的时机,既不能急于发言,影响对方的思路,也不能等对方说了很久才给予反馈,以免让对方感觉不被尊重。

另一方面,倾听者可根据具体的沟通情景来确定反馈的内容,同时使用和反馈的内容相吻合的语气,并注意控制情绪,防止情绪起伏太大。

在倾听过程中,除了语言上的反馈外,倾听者还可通过体态语言来进行反馈。例如,自然的微笑、得体的坐姿、正确的手势等,都能起到促进交流、消除心理隔阂、鼓励说话者尽情表达等作用。

(五)听懂言外之意

受倾听者的身份、沟通环境等因素的影响,说话者有时无法将自己想要表达的意思清楚、直白地表达出来,这时就需要倾听者及时理解说话者的言外之意。在倾听过程中,倾听者要注意说话者是否出现犹豫、停顿、语调变化等情况,观察说话者的各种面部表情、手势(见图 2-5)等,从而领悟说话者的言外之意。

图 2-5 说话者的手势

沟通技巧

同步案例

听不懂言外之意的小徐

某公司组织了一场郊游活动,约定公司全体成员坐大巴出行。郊游当天,过了约定时间半个小时后,小徐才开车到达集合地点。

老板说:"不是说好大家一起坐大巴去吗?你怎么开车了?"

小徐回答说:"我想在郊游的时候买点东西,开车方便把东西带回去。"

老板摇摇头,没再说什么。

于是,小徐开车跟在大巴后面出发了。到了目的地,因为找不到合适的停车位,小徐和停车场的工作人员发生了争执,大家劝了很久才把事态平息。

老板说:"现在的年轻人啊,都这么有个性。"

小徐以为老板在夸他,立即兴致勃勃地说:"我以前在学校上学时,就是班里最有个性的人……"

老板无奈地叹了口气,转身离开了。

小徐站在原地,望着老板离去的背影,不知老板为何会这样。

(六)在必要时记笔记

在倾听过程中,对于说话者所传递的重要信息,或逻辑性比较强、难以及时记住的内容,倾听者可记笔记(见图2-6)。这样不仅能避免错过重要信息,而且能让说话者感受到倾听者对其所说内容的重视。

图 2-6 记笔记

记笔记的注意事项如下:① 笔迹要易于辨认;② 笔记要简略,不用记下说话者所说的每句话,只需要记下主要观点,能方便自己迅速回顾所听到的内容即可。

（七）适当沉默

沉默就像乐谱上的休止符，运用得当，可以达到"无声胜有声"的效果。沉默常常能表现默认、沉思、逃避、放弃、不高兴等。适当沉默可以促使说话者表达真实意图，有时还可以起到缓和紧张气氛的作用。需要注意的是，倾听者一定要把握好沉默的时机和时长，既不宜在该发表见解的时候沉默不语，也不宜长时间地保持沉默。

（八）适度共情

在倾听过程中，倾听者要学会站在说话者的立场上考虑问题，体会说话者的感受，并对说话者的情感做出积极的回应。适度共情可以帮助倾听者走进说话者的内心世界，赢得说话者的好感和信任。

请思考自己有没有以下不良倾听习惯。如果有，请谈一谈应该如何改正。

（1）在和别人打电话时，一边接听电话，一边给其他人回电子邮件或发微信消息。

（2）听别人说话时，容易情绪化。

（3）经常在别人说话时打断别人。

（4）经常在别人说话时"唱反调"。

（5）经常在别人话还没说完时就轻易下结论。

（6）经常在别人说话时沉默不语。

（7）经常在别人说话时心不在焉。

任务实施

倾听能力训练

【实施步骤】

（1）学生自由分组，2人为一组。

（2）指导教师提出一个问题，由各小组的其中一名成员就该问题发表自己的看法，另一名成员倾听。说话者发言结束后，倾听者复述听到的内容。

（3）指导教师提出另一个问题，小组成员互换角色进行倾听训练。

（4）小组成员互相评价对方的倾听能力并分享心得，指导教师进行点评。

【实施记录】

根据任务实施情况填写表2-2。

 沟通技巧

表 2-2 任务实施记录表

班级		组号		指导教师	
小组成员	姓名	学号		任务分工	
倾听能力评价	自我评价				
	组员评价				
活动心得					

任务三　正确使用体态语言

 任务导入

曾国藩的识人术

某日，李鸿章带了三个人去拜见曾国藩，请曾国藩给他们分配工作。恰巧曾国藩出去散步了，李鸿章便示意那三个人在外厅等着。曾国藩回来后，李鸿章说明来意。曾国藩笑着说道："面向厅门、站在左边的那位是个忠厚人，办事小心谨慎，让人放心，可派他做后勤保障类的工作；中间那位是个阳奉阴违、两面三刀的人，不值得信任，只宜分派他做一些无足轻重的工作；右边那位是个将才，将大有作为，应予重用。"

李鸿章惊奇地问道："大人，您都没有与之交谈，是如何做出判断的呢？"

曾国藩笑着说："我刚才在外厅见到这三个人，走过他们身边的时候，左边那位目光低垂，态度恭顺，拘谨有余，可见是个小心谨慎之人，因此适合做一些只需踏实肯干便能做好的事情。中间那位表面上恭恭敬敬，可等我走后，就左顾右盼，神色不定，可见是个阳奉阴违、机巧狡猾之辈，不可重用。右边那位始终挺拔而立，目光凛冽，不卑不亢，可见有大将之才，将来成就不在你我之下。"

曾国藩所说的那位有"大将之才"者，便是日后立下赫赫战功的淮军将领刘铭传。

> **思考：**
> （1）体态语言有哪些？
> （2）上述案例中，曾国藩是如何识人的？

体态语言是指通过人体各部位的姿势和动作来传递信息和表达情感的方式。在现实生活中，常用的体态语言有面部表情、身体动作、身体姿势、身体接触等。

一、面部表情

面部表情能最为直观地展示人们的心理状态。因此，人们在沟通时一定要合理运用面部表情，尤其是目光和笑容。

（一）目光

目光是面部表情的核心。善用目光，能够体现出良好的个人修养，有助于得到对方的信任。在运用目光时，应注意以下三点。

1. 注视角度正确

正确的注视角度主要有正视、平视、仰视三种。

（1）正视。正视对方（见图2-7）是沟通时的一种基本礼貌，既可表现内心坦荡、自信，又可表达对对方的重视。

图2-7　正视对方

（2）平视。平视显得礼貌和诚恳，有助于获得对方的好感，适合在普通社交场合与身份、地位相当的人进行交流时使用。

（3）仰视。若身高比对方矮或所处位置比对方低，则应抬头仰视对方。仰视可表达对他人的尊敬和信任。

> **指点迷津**
>
> 与人沟通时，切忌俯视、斜视、扫视、盯视对方。一般俯视意味着自高自大，斜视意味着轻蔑，扫视意味着审视或者不在乎，盯视会使对方产生心理压力。

2. 注视部位恰当

在沟通时，人们可根据不同情况选择恰当的注视部位。

（1）注视面部。当问候他人、听取他人诉求、征求他人意见或与他人道别时，要注视对方的双眼，视线最好落在以两眼所成直线为底边、额头中心为顶角所形成的正三角区域内。当与对方沟通时间较长时，可注视对方的面部，视线最好落在以两眼所成直线为底边、下巴为顶角所形成的倒三角区域内。

（2）注视全身。当与对方相距较远且双方都站立时，一般应注视对方全身。

3. 注视时间适宜

一般情况下，注视对方的时间宜占沟通时间的 30%～60%，以示友好和重视。若注视时间不到沟通时间的 30%，容易使对方感觉被轻视；若注视时间超过沟通时间的 60%，则会使对方觉得不自在，甚至产生被挑衅的感觉。

> **课堂互动**
>
> 请分析下列行为的不当之处，并说出适当的做法：
>
> （1）某景区售票员为游客办理购票业务时，一直看着电脑显示屏，将门票递给游客时也没有看向游客。
>
> （2）某公司销售人员与客户交谈时，一直盯着客户的面部，导致客户以为自己仪容不整，并下意识地摸自己的面部。
>
> （3）某酒店服务员与客人交流时，一直侧对着客人，其间瞟了客人一眼。

（二）笑容

笑容（见图 2-8）是沟通中的润滑剂，能够有效地减少沟通障碍，缩短人际距离，为进行深入沟通营造良好的氛围。

项目二 口头沟通技巧

图2-8 笑容

在沟通中,合乎礼仪的笑容主要有以下几种:

(1)含笑。不出声,不露齿,只是面带笑意,表示友善,适合在打招呼时使用。

(2)微笑。嘴角略微上翘,唇部略呈弧形,牙齿半露,面带笑意,适合在表示肯定、感谢时使用。

(3)轻笑。嘴巴微微张开,嘴角上扬,上齿显露,笑意明显,但不发出声音,适合在交谈时使用。

人们应将笑容与举止、谈吐相结合,使其相得益彰。需要注意的是,笑容一定要发自内心,切忌强颜欢笑,更不能假笑、冷笑、怪笑、傻笑、媚笑。

同步案例

12次微笑

飞机起飞前,一位乘客请求空姐给他倒一杯水用于服药。空姐很有礼貌地说:"先生,为了您的安全,请稍等片刻。等飞机平稳飞行后,我立刻给您送水,好吗?"

15分钟后,飞机进入了平稳飞行状态。突然,乘客服务铃急促地响了起来,空姐猛然意识到:她忘记给那位乘客送水了!

空姐连忙来到客舱,小心翼翼地把水送到那位乘客面前,面带微笑地说:"先生,实在对不起,由于我的疏忽,延误了您服药的时间,我感到非常抱歉。"

那位乘客抬起左手,指着手表说道:"怎么回事?有你这样服务的吗?你看看,都过多久了?"无论空姐怎么解释,那位乘客都不肯原谅她。

在接下来的旅途中,为了弥补自己的过失,空姐每次去客舱为乘客服务时,都会特意走到那位乘客面前,面带微笑地询问他是否需要帮助。然而,那位乘客余怒未消,并不理会空姐。

快要到达目的地了,那位乘客要求空姐把留言本送过去。很明显,他要投诉这名空姐。此时,空姐虽然感到很沮丧,但是仍然非常有礼貌地微笑着说道:"先生,请允许我再次向您真诚地表达歉意。无论您提出什么意见,我都会接受。"

那位乘客脸色阴沉，接过留言本并在上面写了起来。等到飞机安全降落，所有乘客陆续离开后，空姐做好了接受处罚的心理准备，坦然地打开留言本。可是她惊奇地发现，那位乘客在留言本上写的并不是投诉信，而是一封热情洋溢的表扬信。

信中有这样一段话："在整个旅途中，你的12次微笑深深地打动了我，使我最终决定将投诉信写成表扬信。如果有机会，我还会乘坐你们这趟航班！"

二、身体动作

（一）头部动作

在日常生活中，头部动作是人们使用较频繁的身体动作。不同头部动作所表示的意义有所不同：

（1）点头。点头既可以表示赞成、肯定、理解，也可以表示问候，还可以表示事先约定好的特定意义。

（2）摇头。摇头一般表示拒绝、否定，在特定情况下，轻微摇头也可以表示沉思。

（3）抬头。抬头既可以表示充满自信、胜券在握、心情愉悦，也可以表示目中无人、性格高傲等。在与人沟通时，要适度地昂首挺胸，以免给人以高傲、难以接近的感觉。

（4）低头。低头可以表示顺从、害羞、委屈、情绪低落等。

（二）肩部动作

缩肩一般表示不安或恐惧；展肩一般表示充满自信或威慑对方；耸肩一般表示不知道、不理解、没办法、无可奈何等，一般与掌心向上、双手摊开的手势配合使用。

（三）手势

手势既可以是静态的，也可以是动态的。手势主要可分为以下几种类型：① 情意手势，用于表达情感，可以使抽象的情感具体化、形象化，如拍手表示欢迎，搓手表示紧张；② 指示手势，用于指明要求或指明口语中所说的具体对象，如表示"你""我""前""后""上""下"的手势；③ 象形手势，用于指明物体的形状、体积、高度等；④ 象征手势，用于表示某些抽象的概念，如"OK"手势、"V"形手势等，如图2-9所示。

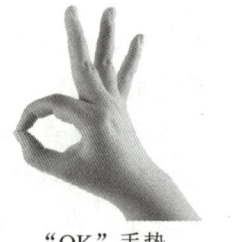 

"OK"手势　　　"V"形手势

图2-9　象征手势

在与人沟通时，要确保手势与沟通内容和沟通者的身份协调一致，使用自然、得体、恰当的手势，切忌使用生硬、粗俗的手势。在大庭广众之下，不宜过多使用手势，避免手势的动作幅度过大，并且切忌指手画脚、手舞足蹈。

（四）腿部动作

一般来说，站立时两腿交叉，表示自我保护或自我封闭；坐着时不断变换腿的姿势，表示情绪急躁、不耐烦；无意识地抖腿，表示焦躁不安或企图缓解紧张心理。

故事讲堂

藏不住事的齐桓公

春秋时期，齐桓公与管仲秘密谋划伐卫。之后，齐桓公来到卫姬宫室，卫姬看见他后，下跪请求齐桓公放过卫国。齐桓公脸色大变，以为卫姬偷听他与管仲说话，于是铁青着脸询问。卫姬知道自己有点冒失，慌忙答道："这是我推测出来的。"齐桓公有些惊讶，又进一步询问。

于是，卫姬将自己的推理过程详细述说了一遍："大王进来的时候，脚抬得高高的，一副雄心勃勃的样子，眼中尽是杀伐争霸之意，我便知大王意欲征伐其他国家。随后，大王在看到我时，脸上又露出不忍和愧疚之色，我这才确定大王要攻打的是卫国。"

齐桓公听后沉默不语，并决定放弃攻打卫国。

第二天，齐桓公与管仲见面后，管仲问："大王为何将我们密议之事泄露出去？"齐桓公连忙问道："你怎么知道？"管仲说："您进门时，昂首挺胸，走路步幅很大，但一见到我，步幅便变小了，头也低下了。您一定是因为宠爱卫姬，与她谈了伐卫之事。莫非您现在改变主意了？"齐桓公不好意思地叹道："果如仲父所言。"然后他便将前一晚上的事说了一遍。攻打卫国之事就这样不了了之。

三、身体姿势

身体姿势在一定程度上可以反映一个人的社会角色、文化修养和心理状态。在与他人沟通时，合理使用身体姿势，有利于促进对方理解沟通内容。基本的身体姿势有站姿、坐姿和行姿。

（一）站姿

良好的站姿（见图2-10）可以展现个人的气质和风度，给人以精力充沛、积极进取、充满自信的感觉。在一些正式沟通场合，人们要保持好站姿，以展示良好的精神面貌，增强沟通效果。

站姿礼仪

1. 站姿的基本动作要领

站姿的基本要求如下：男士要体现出英武、刚健的气质，女士要体现出柔美、沉静的气质。站姿的基本动作要领是头正、肩平、躯挺、臂垂、腿并。

（1）头正：双目平视，嘴唇微闭，下颌微收，面部表情自然。

（2）肩平：双肩放平，稍向下沉，略微放松。

（3）躯挺：胸部挺起，腹部内收，腰部立直，臀部向上并向内收紧。

（4）臂垂：双臂放松，自然垂于体侧，手指自然弯曲。

图 2-10　良好的站姿

（5）腿并：双腿并拢直立，双膝贴紧，双脚脚跟靠紧，脚尖向前。

2. 不规范站姿

在与人沟通时，应避免出现以下不规范站姿：

（1）身体歪斜，两肩一高一低。

（2）弯腰驼背或过度挺胸。

（3）双手插入口袋中，双手交叉抱于脑后，双手或单手叉腰。

（4）扭动身体、乱晃双臂，或将双臂交叉抱于胸前。

（5）双腿交叉、弯腿顶胯，或双脚呈"内八字"站立。

（6）倚物（如桌子、椅子等）而立或不停地抖腿。

（7）双脚间距过大。

（二）坐姿

良好的坐姿（见图 2-11）可以给人以端庄、大方、自然、稳重的感觉，让对方更愿意与自己沟通。

1. 坐姿的基本动作要领

（1）入座时，要轻、要稳。先走到座位前面，然后转身并平稳地坐下，切忌动作幅度过大或用力过猛。如果女士穿的是裙装，入座前，还要用双手在背后从上往下将裙子轻抚一下，以保持裙子平整、不起皱，同时防止走光。

（2）在座时，应做到以下几点：① 上身挺直。

图 2-11　良好的坐姿

头部端正，双目平视，嘴唇微闭，双肩放平，腰部挺直。② 四肢摆好。双臂自然弯曲，双手放于腿上。男士可双膝微开，双腿自然弯曲，双脚平放于地面；女士应双膝并拢，双腿正放或侧放。③ 不坐满椅面。宜坐椅面的 1/2～2/3。④ 侧坐交谈。与邻座交谈时，可侧坐，同时将上身与双腿转向同侧。

（3）离座时，应将右脚后移半步，找到支撑点后起立；起立时，应保持上身平稳、端正，切勿弯腰或左右摇摆。

2．不规范坐姿

在与人沟通时，应避免出现以下不规范坐姿：

（1）上身未挺直，含胸驼背。

（2）双臂交叉抱于胸前，双手环抱膝盖或夹在双腿间。

（3）双腿分得过开或大腿并拢而小腿分开。

（4）跷二郎腿，或者双腿不停地抖动。

（5）一腿弯曲、一腿伸直或双腿伸直。

（三）行姿

在沟通过程中，良好的行姿可以展现出朝气蓬勃、积极向上的精神状态。

1．行姿的基本动作要领

（1）步态端正。昂首挺胸，双目平视，双肩放平，收腹提臀，身体重心稍向前倾，双臂自然地前后摆动（摆动角度为 30°～40°），且前摆角度大于后摆角度。掌心向内，手指自然弯曲，前脚脚尖朝向正前方，脚跟先于脚掌着地，后脚脚尖用力，以推动身体不断前行。

（2）步幅适中。步幅是指行走时两脚中心之间的距离。男士的步幅一般约为 80 厘米，女士的步幅一般约为 75 厘米。

（3）步速均匀。行走的速度应保持均匀，不要忽快忽慢。正常情况下，每分钟走 60～100 步。

（4）风格有别。男士应步伐矫健、稳重，女士应步伐轻盈。

2．不规范行姿

在与人沟通时，应避免出现以下不规范行姿：

（1）行走时弯腰驼背。

（2）行走过快或过慢。

（3）多人行走时勾肩搭背。

（4）行走时晃肩、扭臀。

（5）行走时踮脚或脚后跟拖地。

四、身体接触

身体接触包括职业性接触、礼貌性接触、友爱性接触和情爱性接触。

 沟通技巧

（一）职业性接触

职业性接触是指沟通双方基于工作需要而进行的身体接触。例如，医生通常会通过诊脉（见图2-12）、按压患者疼痛部位等方式来了解患者的病情。

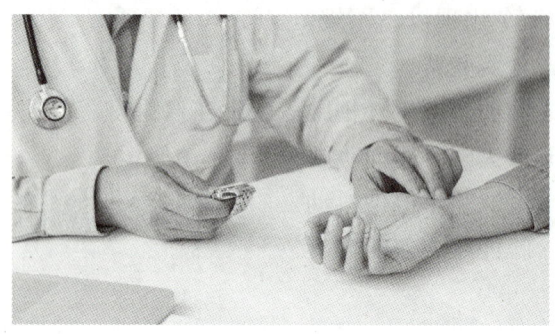

图2-12 诊脉

（二）礼貌性接触

礼貌性接触是指沟通双方为了表示对对方的欢迎、尊重而进行的身体接触。礼貌性接触常见于一般的社交场合中，主要表现方式为握手。

（三）友爱性接触

友爱性接触是指用于表示友爱关系的身体接触。友爱性接触常见于亲朋好友之间，常见表现方式有拍肩、牵手等。

（四）情爱性接触

情爱性接触是指用于表示情爱关系的身体接触。情爱性接触常见于夫妻、情侣之间，常见表现方式有搂腰、拥抱、亲吻等。

见多识广

人际距离

人际距离是指人们在面对面交往过程中保持的空间距离。在社会交往中，沟通双方的亲疏关系可通过人际距离表现出来。具体来说，人际距离可分为亲密距离、个人距离、社交距离、公共距离四种。

（1）亲密距离。亲密距离一般在0.45米以下，在此距离内，双方可以促膝谈心，有较多的身体接触。这种距离常见于亲属、情侣之间。

（2）个人距离。个人距离的范围一般为0.45~1.22米，在此距离内，双方可以亲切握手、友好交谈。

（3）社交距离。社交距离的范围一般为 1.22～3.65 米，在社交场合，人们大都保持这种距离。

（4）公共距离。公共距离一般在 3.65 米以上，是演讲者与听众保持的距离。当演讲者试图与某个特定的听众沟通时，一般应使双方的距离缩短为社交距离或个人距离，才能实现有效沟通。

任务实施

分析体态语言

【实施步骤】

（1）学生自由分组，4～6 人为一组，并选出一名组长。

（2）各小组选择一个电视访谈节目，观看其中的一期或几期节目视频，分别分析主持人和嘉宾的体态语言，包括面部表情、身体动作、身体姿势、身体接触等。

（3）各小组将分析过程和结果制作成 PPT。

（4）组长在课堂上展示本小组制作的 PPT，指导教师进行点评。

【实施记录】

根据任务实施情况填写表 2-3。

表 2-3 任务实施记录表

班级		组号		指导教师	
小组成员	姓名		学号		任务分工
活动心得					

 沟通技巧

任务四　正确使用辅助语言和服饰语言

 任务导入

哪些因素影响了面试结果

某大型公司应邀来到一所学校举办专场招聘会。由于该公司知名度高，待遇十分优厚，因此得到了很多学生的青睐。小红和小兰有幸进入该公司销售岗位的面试环节，小丽和小婷则进入该公司服务岗位的面试环节。

小红开朗大方，性子比较急，说话、做事风风火火。在销售岗位的面试中，她表现得非常热情，说话时语速很快，有时甚至有点含糊。小兰和面试官交流时语气自然，语速正常，语音清晰，给面试官留下了良好的印象。最后小兰成功被该公司录用，而小红虽然回答问题非常流利，但面试官认为她说话语速过快可能会影响沟通效果，因此没有录用她。

小丽认为应聘服务岗位应注重形象，于是精心打扮了一番，并穿了正装去参加面试。小婷觉得只要专业知识扎实，形象不是很重要，于是她穿了一套运动服去参加面试。面试时，除了扎实的专业知识外，小丽得体的着装也给面试官留下了良好的印象。小婷在专业知识方面和小丽不相上下，但由于着装过于随便，面试官对她的印象大打折扣。最后，小丽成功被该公司录用，小婷却未被录用。

思考：
（1）什么是辅助语言？如何正确使用辅助语言？
（2）什么是服饰语言？如何正确使用服饰语言？

一、辅助语言

辅助语言是指与声音相关的组成因素，包括语调、语速、音量、节奏等。

（一）语调

语调是指语句里声音的高低变化和快慢轻重。语调具有强调重点内容、引起注意、传递情感等作用。同一语句的语调不同，表达的意思和情感就不同。在口头沟通中，说话者巧妙运用语调，可以达到良好的沟通效果。语调一般分为升调、降调、平调和曲折调四种。

1. 升调

升调即语调由低到高，用于表示疑问、惊异、欢欣、愤慨、呼唤、祝福等。例如：

"你会游泳吗？"（疑问）

"你听说了吗？我们公司被另一家大公司收购了！"（惊异）

"今天真是快乐的一天！"（欢欣）

"你这个忘恩负义的人！"（愤慨）

"先生，请回来拿您的提包！"（呼唤）

"祝我们合作成功！"（祝福）

2. 降调

降调即语调由高到低，用于表示赞美、感叹等。例如：

"这里的景色真美呀！"（赞美）

"你真的太让我失望了！"（感叹）

3. 平调

平调即语调没有明显的高低变化，用于表示庄重、踌躇、冷淡等。例如：

"人贵有自知之明。"（庄重）

"这个问题我再想想。"（踌躇）

"你来不来都可以。"（冷淡）

4. 曲折调

曲折调即语调拖长，有升有降，用于表示讽刺、反语等。例如：

"你可倒真沉得住气啊！"（讽刺）

"你的这间书房真'大'呀！"（反语）

（二）语速

语速即说话的速度，可以反映说话者的情绪和态度。语速快会让人觉得说话者比较兴奋，很有表现力和说服力。但是语速过快，会使对方接收到的信息过于集中，进而出现应接不暇、顾此失彼的情况，甚至感到紧张、不自在。语速慢可能会让对方觉得说话者真诚、郑重，也便于对方理解，但语速过慢可能会让对方觉得说话者懒散、冷漠。

说话者要根据自己的说话习惯和沟通情景适当控制语速。一般来说，说话时要保持语速适中。但是，在以下情况下，宜适当加快语速：① 情况紧急，需要在较短的时间内表达主要意思时；② 情绪激动（如兴奋或愤怒）时；③ 需要加强语势，引起对方注意时；④ 说对方喜欢听的内容时；⑤ 与听辨能力强、性情急躁的人说话时。

在以下情况下，宜适当放慢语速：① 说重要内容或需要强调的内容时；② 说对方不喜欢听的内容（如坏消息）时；③ 与文化层次不高的人说话时。

 沟通技巧

课堂互动

请以合适的语调、语速读出下列几句话，并配以适当的手势：
（1）"大家安静，安静！"
（2）"我讲的这个问题非常重要！"
（3）"这么一讲，大家不就完全明白了吗？"
（4）"注意，有一点切不可大意！"
（5）"你敢说这支笔不是你弄坏的吗？"

（三）音量

音量即声音的大小。在口头沟通中，说话者应做到音量适中，以使对方既可以听清楚，又感到舒适、悦耳。说话声音大，从积极方面看，会让人感觉说话者热情和自信；从消极方面看，会让人感觉说话者粗鲁、态度生硬，从而产生不适感。说话声音小，从积极方面看，会让人觉得说话者温柔；从消极方面看，会显得说话者有气无力，从而使人听不清楚甚至感觉被怠慢。

在实际生活中，说话的音量应因人而异、因时而异。例如，在嘈杂之处与人交谈时，应适当提高音量。

（四）节奏

说话者说话时要节奏鲜明，做到该快则快、该慢则慢、有轻有重，让对方在沟通过程中感到舒心。控制好说话节奏，有助于说话者更好地传递信息、表达情感，也有助于对方更好地理解信息。例如，适当的停顿和强调可以突出所说内容的关键信息，便于对方理解。

二、服饰语言

随着社会的进步，服饰在美化个人形象、传递个人信息（如职业、社会地位、个性等）、表达个人情感等方面发挥着越来越重要的作用。因此，人们在沟通过程中，应注意服饰搭配。选择服饰时，应遵循三个原则，做到五个协调。

（一）三个原则

1. 整体性原则

"美不在部分，而在整体"，服饰搭配也是如此。人们应对服饰进行合理搭配，注重整体协调。例如，在正式沟通场合，男士的皮带、皮包和皮鞋都应是同一色系，女士穿浅色裙装时应搭配肤色丝袜。

2. 适度性原则

在服饰搭配上，人们应从颜色、款式等方面进行把握，讲究适度，避免"过犹不及"。从审美角度来讲，全身服饰不宜超过三种颜色，以免给人眼花缭乱的感觉；款式应简洁大方，避免过于繁杂。

汉服之美

3. 个性原则

在社交场合，个人的着装风格往往是其兴趣爱好、文化品位、审美情趣的体现，因此，人们应穿出特色，以展现个人特色。

（二）五个协调

1. 服饰与年龄协调

不同年龄的人应搭配不同类型的服饰。例如，年轻人的服饰可色彩鲜艳、款式时尚，充分体现年轻人蓬勃向上的青春之美；老年人的服饰则应庄重、雅致，给人以成熟、稳重之感。

2. 服饰与职业协调

职业是指个人在社会中所从事的获取生活来源的工作。人们应根据自己所从事的职业搭配合适的服饰（见图2-13），以便提高沟通效率。例如，教师应搭配庄重、大方、得体的服饰，运动员可穿运动服。

图2-13 不同职业的服饰

3. 服饰与身材协调

就大众审美而言，男士应给人以高大、挺拔之感，展现健康与力量的统一；女士应呈现匀称、修长之姿，展现健康与柔美的统一。因此，人们应根据自己的身材选择合适的服饰，以便增强沟通效果。在与人沟通时，特别是在一些严肃的沟通场合，若服饰与身材不协调，会使对方感到不被尊重，不受重视，从而影响沟通效果。

4. 色彩搭配协调

搭配服饰色彩时，既要考虑个性、爱好、季节，又要兼顾他人的观感和所处的场合。具体来说，搭配服饰色彩的方法有以下几种：① 统一法，即将色调相近或相同、明度有层次变化的色彩相互搭配，如浅蓝色上衣搭配深蓝色裤子；② 对比法，即将明度相反的

 沟通技巧

色彩相互搭配，如白色上衣搭配黑色裤子；③ 呼应法，即在不同部位采用同种色或近似色，使其遥相呼应，如黑色上衣搭配黑色鞋子；④ 点缀法，即在主色调统一的基础上搭配各种色彩，使其相映生辉，如黑色套装搭配彩色丝巾。

5．饰物搭配协调

饰物是指与服装搭配，起修饰作用的物品，如耳环、项链、戒指、手镯、胸针、手表、头花、发卡等。饰物宜少不宜多，宜精不宜繁，能对沟通起到一定作用即可。此外，佩戴饰物时还应考虑沟通对象的情况，尊重对方的习惯。

 ## 任务实施

情景模拟——拜访他人

【实施步骤】

（1）学生自由分组，4～6人为一组。

（2）各小组设置1～2种沟通情景，如拜访长辈、面试、接待客户等，分角色进行情景模拟，在情景模拟过程中注意正确使用辅助语言和服饰语言。

（3）各小组对情景模拟过程进行摄像，并剪辑视频，然后在课堂上展示。

【实施记录】

根据任务实施情况填写表2-4。

表 2-4　任务实施记录表

班级		组号		指导教师	
小组成员	姓名	学号	任务分工		
活动心得					

项目二 口头沟通技巧

学习成果自测

1. 填空题

（1）在说话前，说话者需要了解说话对象的_____、_____、_____、情绪等情况。

（2）清晰的_____可以为说话者提供指引，匡正说话时的行为偏差，避免无效说话。

（3）倾听的障碍主要有_____、_____。

（4）在现实生活中，常用的体态语言有_____、_____、_____、身体接触等。

（5）_____一般表示不知道、不理解、没办法、无可奈何等，一般与掌心向上、双手摊开的手势配合使用。

（6）_____是指语句里声音的高低变化和快慢轻重。

（7）说话者说话时要节奏鲜明，做到_____、_____、_____。

2. 单项选择题

（1）学生听教师讲课属于（　　）。

    A．获取信息式倾听   B．批判式倾听

    C．移情式倾听   D．享乐式倾听

（2）说话者在利己的心态下，有意更改相关信息，使得真实的信息无法传递给倾听者，这属于倾听障碍中的（　　）。

    A．环境障碍   B．知识、经历及文化背景差异

    C．信息过滤   D．以自我为中心

（3）当问候他人、听取他人诉求、征求他人意见或与他人道别时，要注视对方的（　　）。

    A．嘴   B．双眼

    C．脚   D．全身

（4）"OK"手势和"V"形手势属于（　　）。

    A．情意手势   B．指示手势

    C．象形手势   D．象征手势

（5）礼貌性接触常见于一般的社交场合中，主要表现方式为（　　）。

    A．握手   B．拍肩

    C．牵手   D．拥抱

（6）将色调相近或相同、明度有层次变化的色彩相互搭配，这属于服饰色彩搭配方法中的（   ）。

  A．统一法   B．对比法

  C．呼应法   D．点缀法

3. 多项选择题

（1）在说话前应明确说话的具体内容。说话内容应（   ）。

  A．有针对性   B．言简意赅

  C．语意明确   D．多使用专业术语

（2）按倾听目的分类，可以将倾听分为（   ）。

  A．获取信息式倾听   B．批判式倾听

  C．移情式倾听   D．享乐式倾听

（3）在社交场合，正确的注视角度主要有（   ）。

  A．正视   B．平视

  C．仰视   D．俯视

（4）在沟通中，合乎礼仪的笑容主要有（   ）。

  A．大笑   B．微笑

  C．含笑   D．轻笑

（5）低头可表示（   ）。

  A．胜券在握   B．充满自信

  C．顺从   D．委屈

（6）在座时，正确的做法有（   ）。

  A．上身挺直   B．四肢摆好

  C．不坐满椅面   D．侧坐交谈

（7）语调一般分为（   ）。

  A．升调   B．降调

  C．平调   D．曲折调

4. 简答题

（1）如何恰当地说话？

（2）简述有效倾听的技巧。

（3）简述站姿的基本动作要领。

（4）简述选择服饰时应遵循的原则。

学习成果评价

请进行学习成果评价，并将评价结果填入表 2-5 中。

表 2-5　学习成果评价表

班级		指导教师		日期	
姓名		学号			
项目名称		口头沟通技巧			
评价项目	评价内容		分值	自我评分	教师评分
知识（40%）	说话技巧的相关知识		10		
	倾听的意义、类型和障碍，有效倾听的技巧		10		
	面部表情、身体动作、身体姿势、身体接触的相关知识		10		
	辅助语言和服饰语言的相关知识		10		
技能（40%）	与人说话时，能够清晰、明了地表达自己的想法与诉求		10		
	能够专心、耐心、细心地倾听		10		
	能够正确使用体态语言、辅助语言和服饰语言		20		
素养（20%）	具备良好的学习态度，积极参与实践活动		5		
	具备良好的团队精神和团队协作能力		5		
	学会换位思考		5		
	坚定文化自信		5		
合计			100		
总分（自我评分×40%+教师评分×60%）					
自我评价					
教师评价					

项目三

面谈技巧

项目导读

面谈是一种常用的交流方式。无论是在求职面试、商务谈判中，还是在团队协作中，都需要进行面谈。通过面谈，沟通双方能够更深入地了解彼此，有效发现和解决问题。有效运用面谈技巧，人们能够更好地传达信息、理解他人，进而实现沟通目标。

学习目标

知识目标

- 掌握见面礼仪、介绍技巧、陈述技巧、提问技巧和回答技巧。
- 熟悉招聘面谈、绩效反馈面谈和咨询面谈的技巧。

素质目标

- 明白"人无礼则不生，事无礼则不成，国家无礼则不宁"的道理，遵守文明礼仪，传承中华传统美德。
- 了解启功的"人生总结"，培养低调务实、谦逊自知的美好品德。

任务一　掌握面谈中的沟通技巧

任务导入

不懂上级意思的黄某

黄某是某公司的一名部门主管。因为公司的整体发展势头较好,公司高层决定扩大生产规模。一天,上级特意找到黄某,先是夸赞了黄某的工作能力和工作态度,后跟黄某探讨扩大生产规模的问题。

上级问黄某:"你觉得我们公司该如何扩大生产规模?"

黄某想了想,说:"公司现在的情况不太适合扩大生产规模。虽然目前公司的产品销量不错,但我们无法保证以后也会如此。因此,我觉得公司目前的主要工作应该是维持稳定发展,而不是贸然扩张。"

听完黄某的话,上级的脸色变得不太好。因为在此之前,公司高层已经在会议上进行了讨论,在扩大生产规模的决策上达成了一致。上级继续问黄某:"我知道维持稳定发展对公司很重要,但为了促进公司发展,我们需要扩大生产规模。对于我刚才问的问题,你有什么建议?"

黄某没有注意到上级的脸色,说:"我认为时机很重要。您看,现在市场上有不少公司因为急速扩张而破产、倒闭,我还是觉得……"话还没说完,上级就打断了他:"行了,你的想法我大概知道了,你先回去吧。"

这时,黄某才意识到自己说错了话。

> **思考:**
> (1)上述案例中的面谈出现了哪些问题?
> (2)黄某在回答上级的问题时,应运用哪些技巧?

面谈是指人与人之间面对面的现场交流。面谈不同于日常生活中的见面闲聊,一般是比较正式、有目的、有计划的交谈,讲究技巧。在面谈中,面谈者(发起面谈的一方)和面谈对象(应约接受面谈的一方)应灵活运用面谈技巧,以提高面谈效果。

 沟通技巧

一、遵守见面礼仪

面谈双方见面时应遵守相应的礼仪,一般包括称呼礼仪、问候礼仪、握手礼仪、名片礼仪等。

(一)称呼礼仪

称呼礼仪是指称呼他人时所应遵守的行为规则。

1. 称呼方式

(1)一般称呼。一般可按性别称呼男士为"先生",称呼女士为"夫人""小姐",当了解到对方的姓氏时,可在第一时间冠之以姓氏,如"李先生""张夫人"等。

(2)姓名称呼。对于相熟的同事,一般可以对方的姓名称呼,主要有以下三种称呼方式:① 直呼其名;② 只呼其姓,但在姓前加上"老""小"等前缀,如"老吴""小郑"等;③ 只呼其名,不呼其姓。

(3)职业性称呼。在职场中,有时可按对方所从事的职业进行称呼,如"律师""医生""警察""会计"等;也可在职业前加上姓氏或姓名,如"胡医生""徐英律师"等。对于一些技术工人,可称呼他们为"师傅"。

(4)职务性称呼。如果对方有职务,应以对方的职务称呼,以示敬意,主要有以下三种称呼方式:① 仅称呼职务,如"部长""处长""经理"等;② 在职务前加上姓氏,如"王部长""赵处长""钱经理"等;③ 在职务前加上姓名,如"王阳部长""赵刚处长""钱红经理"等,这种称呼方式仅适用于极其正式的场合。

(5)职称性称呼。对于具有职称尤其是中、高级职称者,可直接以其职称称呼,主要有以下三种称呼方式:① 仅称呼职称,如"教授""工程师"等;② 在职称前加上姓氏,如"陈教授""周工程师"等;③ 在职称前加上姓名,如"周强工程师",但这种称呼方式仅适用于十分正式的场合。

> **指点迷津**
>
> 有时,可对在职称前加上姓氏所形成的称呼进行简化,如将"周工程师"简化为"周工",使用简称时应以不引起误会、不产生歧义为前提。

2. 注意事项

(1)正确称呼他人。例如,不要说错对方的姓名,不要将未婚女士称为"夫人"等。

(2)注意称呼顺序。在人多的场合,称呼时应遵循"先长后幼,先女后男,先上后下,先疏后亲"的原则。

(3)称呼他人时,必须考虑对方的语言习惯、文化层次、风俗习惯等因素。

（4）禁止使用不尊重他人的称呼。例如，不可称呼老年男性为"老头"，不可在公众场合称呼他人的外号，如"四眼""瘦猴"等。

> **同步案例**
>
> **不懂礼仪的秘书**
>
> W公司的秘书小婷是一名刚参加工作的大学生。一天，总经理段某带着小婷去与N公司的总经理刘某商谈合作项目。刘某看到段某后，加快脚步前来迎接，并伸出右手。小婷下意识地伸出手与刘某相握，并说道："刘大哥，你好，我是秘书小婷，请多指教。"小婷的行为让段某和刘某都感到很尴尬。

（二）问候礼仪

问候又称问好，是指与人见面时，用语言向对方表示关切的一种方式。问候时，需要注意以下几个方面。

1. 问候的顺序

一般来说，晚辈应先向长辈问候，地位低者应先向地位高者问候，男士应先向女士问候。

2. 问候的态度

问候时，应做到主动、热情、大方、专注。主动，即要积极、主动地问候他人；热情，即要表现得热诚、友好（见图3-1），切忌面无表情或者表情冷漠；大方，即要表现得自然，不要扭扭捏捏；专注，即要目光专注，切忌目光游离、东张西望。

图3-1 热情问候

3. 问候的禁忌

问候时，切忌做出以下行为：① 无称呼，或者直接以"哎""喂"称呼他人；② 距离对方很远时就大声呼喊对方；③ 将手插在口袋里；④ 用碰触他人身体的方式（如拍肩膀）问候；⑤ 对方故意躲避时，仍上前问候。

 沟通技巧

课堂互动
在电梯里遇到公司领导时，你会如何问候？

（三）握手礼仪

握手是一种很常用的礼仪，一般在见面、离别、祝贺、慰问等情况下使用。它可以传达欢迎、惜别、信任等感情，能促进双方之间的有效沟通。握手时，应做到以下几点：

（1）注意顺序。握手时，一般是上级在先、主人在先、长者在先、女士在先。一人需要与多人握手时，可"由尊到卑"或"由近而远"，依次而握。宾主握手时应按照以下顺序：客人抵达时，主人应先伸手，以示欢迎；客人告辞时，客人应先伸手，以示请主人就此留步。

（2）注意方式。握手时，双方均应起立，目视对方并面带微笑，用自己的右手与对方的右手相握，如图3-2所示。握手的时间以3～5秒为宜，力度不宜过大，但也不宜毫无力度。

图3-2　握手的方式

（3）注意禁忌。不宜用左手与他人相握，不宜用双手与异性相握，不宜与多人交叉握手，不宜戴着墨镜与人握手，不宜戴着手套与人握手。

见多识广

古人见面的基本礼仪——拱手礼

拱手礼俗称作揖，是一种极具中国特色的见面礼仪。《论语·微子》中有载"子路拱而立"，子路对孔子所行的就是拱手礼。

拱手礼的核心动作是"拱手"。东晋文学家、训诂学家郭璞在《尔雅·释诂》中注曰："两手合持为拱。"清代文字训诂学家、经学家段玉裁在《说文解字注·手部》中有曰："谓沓其手，右手在内，左手在外。男之吉拜尚左，女之吉拜尚右。凶拜反是。九拜必皆拱手。"

（四）名片礼仪

名片是一种记录了个人主要信息的精美卡片，它能够表明个人身份，体现个人风格。在社交活动中恰当地使用名片，能够有效地展示自己的涵养与风度，促进人际交往与沟通。

1. 准备名片

在社交活动中，应有意识地准备一定数量的名片，并将其放在专用的名片夹（见图 3-3）内，装入上衣口袋或随身携带的公文包中，以便拿取。

2. 递送名片

在社交活动中，若想主动结识他人，且对方也有结识的意愿，则可以向对方递送名片。递送名片时，应注意以下几点：

图 3-3　名片夹

（1）把握时机。递送名片时应把握时机，不宜过早或过迟。一般在初次见面、被人介绍、相谈甚欢或交谈结束时递送名片最为合适。

（2）态度恭敬。递送名片的一方应主动起身并走近对方，面带微笑，注视对方，将名片正面朝上，使字正对着对方，用双手的拇指和食指捏住名片上端的两角，上身略微前倾，然后将名片递送给对方，如图 3-4 所示。递送名片的同时应略道谦恭之语，如"张总，这是我的名片，请多多关照""王先生，这是我的名片，希望以后保持联络"。

图 3-4　递送名片的姿势

> **指点迷津**
>
> 切忌采用以下方式递送名片：① 开枪式，即用食指和中指夹着名片递送给对方；② 投弹式，即把名片投给或扔给对方；③ 布雷式，即把名片放到桌上而不是递送到对方手中；④ 自助式，即把名片夹递给对方，让对方从中拿取名片。

3. 接受名片

接受名片时，应注意以下几点：

（1）态度谦恭。接受他人的名片时，应放下手中的一切事务，起身相迎，面带微笑，点头致意，用双手的拇指和食指接住名片下端的两角，并略道恭谦之语，如"很高兴认识您""能得到您的名片，我深感荣幸"。

（2）认真阅读。接过名片后，应将名片上的内容从头到尾默读一遍，并记住对方的姓名。如果名片上写有对方的职务或头衔，可将其轻声读出。若对名片上的内容有所不明，则可当场请教对方。切忌在接过他人的名片后，随手将其放入口袋中，之后又拿出来观看或者询问对方姓名。

（3）妥善存放。阅读了他人的名片后，应将名片谨慎地放入名片夹、上衣口袋或公文包内，以示尊重和重视。切忌将他人的名片拿在手中把玩、涂改、乱揉、乱折，或者随意放在桌上、裤子口袋内等，以免引起对方的反感。

（4）回递名片。接受了他人的名片后，为了表达与对方交往的意愿，应立即向对方回递一张自己的名片。若尚无名片、忘带名片或名片用完了，则应致以歉意，并向对方解释或告知对方改日补上。

> **同步案例**
>
> **因忽视名片礼仪而错失客户**
>
> 某公司的销售部经理吴某在咖啡厅约见了一位客户郑某。双方见面后，吴某先向郑某递送了名片，郑某也向吴某递上名片，并礼貌地说："吴总，您好！这是我的名片。"吴某接过名片后草草地看了一眼，就随意将名片放到桌上，开始与郑某谈论合作事宜。过了一会儿，服务人员端来咖啡。吴某端起咖啡喝了一口，然后将咖啡杯放在了郑某的名片上。这一举动令郑某皱了皱眉头，但吴某并没有察觉。
>
> 之后，郑某未与吴某就合作事宜进行实质性的洽谈，而是礼貌地寒暄一阵之后就托词告别。

4. 索取名片

向他人索取名片时，可委婉地表述，如"张董事长，以后我该如何向您请教呢？""陈小姐，以后我如何与您联系呢？"；也可直接发问，如"陈小姐，这是我的名片，能否有幸与您交换一下名片，以便日后联系？"。

二、运用介绍技巧

介绍是指通过沟通使交往双方相互认识、建立联系的一种社交方式。在面谈时，面谈双方可能需要进行自我介绍，如果有多人参与面谈，就还需要介绍他人。

(一)自我介绍

自我介绍是指与他人初次见面时,将自己介绍给他人,使他人认识自己,如图 3-5 所示。自我介绍是让他人了解自己、结识新朋友、扩大交际圈的有效方式,合乎礼仪的自我介绍能够有效地展示个人的修养和魅力,给他人留下好印象。

自我介绍的万能公式

图 3-5　自我介绍

1. 介绍方式

针对不同的面谈对象,应采用不同的自我介绍方式。一般来说,自我介绍的方式主要有以下两种:

(1)工作式自我介绍,一般适用于工作场合,介绍内容包括本人姓名、供职单位与部门、所担任的职务或从事的具体工作等。例如:"您好,我叫王××,是××酒店的大堂副理,很高兴为您服务。"

(2)问答式自我介绍,一般适用于应试、应聘和公务交往等的场合。介绍内容一般是问什么答什么,且应有问必答。例如:

甲问:"这位小姐,您好!请问怎么称呼您?"

乙答:"您好先生!我叫郭××。"

2. 注意事项

(1)注意顺序。多人相互介绍时,通常应按照以下顺序进行:① 男士与女士相互介绍时,男士应先进行自我介绍;② 长辈与晚辈相互介绍时,晚辈应先进行自我介绍;③ 职位高者与职位低者相互介绍时,职位低者应先进行自我介绍。

(2)讲究态度。进行自我介绍时,一般应保持站立姿势,面带微笑,目光坦然,语气平和,举止庄重、大方,态度亲切、自然、友善。

(3)把握时间。自我介绍时,应选择合适的时机,一般应选择在对方有空闲、情绪

较好、有兴趣认识自己时进行自我介绍，切勿在对方休息、用餐、忙于处理事务、心情不好时进行自我介绍，以免引起对方的反感；控制好时长，一般应将自我介绍的时间控制在一分钟之内，否则会显得啰唆，易使对方厌烦。

（二）介绍他人

介绍他人是指自己作为第三方，为彼此不相识的双方引荐。在介绍他人时，不仅要熟悉被介绍双方的基本信息，了解被介绍双方是否有乐于结识的意愿，还要特别注意介绍的方式和顺序。

1. 介绍方式

（1）推荐式介绍。这种方式主要适用于比较正式的场合，其特点是着重介绍被介绍者的优点或专长。例如："曾总，您好！这位是 D 科技公司的王先生。王先生不仅是一位经济学博士，而且是一位企业管理方面的专业人士。我相信王先生能给您提供一些管理方面的好建议！"

（2）标准式介绍。这种方式主要适用于正式场合，介绍内容以被介绍者的姓名、单位、职务为主。例如："李总，您好！请允许我为您介绍，这位是 A 集团公司的销售部经理张先生。张经理，这位是 B 集团公司的总经理李先生。"

（3）简介式介绍。这种方式主要适用于一般的社交场合，介绍内容往往只包括被介绍者的姓名。例如："您好！我来介绍一下，这位是赵××，这位是徐××。两位彼此认识一下吧。"

（4）强调式介绍。这种方式适用于各种社交场合，其特点是介绍者刻意强调自己与其中某位被介绍者之间的关系，以便引起另一位被介绍者的重视。例如："吴经理，您好！请允许我介绍一下，这位是刘××，在 L 传媒有限公司工作，是我的侄女，请您多多关照！刘××，这位是 H 集团公司的销售部经理吴××先生。"

2. 介绍顺序

若被介绍双方都是个人，则介绍顺序如下：① 先将男士介绍给女士；② 先将晚辈介绍给长辈；③ 先将职位低者介绍给职位高者；④ 先将后到者介绍给先到者。

若被介绍的其中一方人数众多，且这些人没有明显的职位高低或长幼之分，则应按照顺时针或逆时针的顺序依次介绍，切勿"跳跃式"地介绍，以免显得厚此薄彼。

三、运用陈述技巧

在陈述过程中，表达要流畅，切中要领，具体来说，应做到以下几点：

（1）做好准备工作，提前了解面谈的目的和主题，明确自己需要传达的信息，以此确定陈述内容。

（2）清楚、准确地说明自己的所思、所想、所求。同时，要确保陈述内容的逻辑性和条理性，可以按照时间顺序、重要性或因果关系来组织内容。

（3）在陈述一些比较复杂或枯燥的内容时，可以举例或讲故事，以使陈述内容更加生动、易懂。

（4）适当运用非语言沟通技巧，使用体态语言和辅助语言帮助表达。在陈述过程中，要保持微笑和目光交流，以展现对对方的尊重；保持自信，用肯定的语气和面部表情传达自己的观点，展现个人魅力。

（5）注意观察对方的反应，根据面谈的进展和对方的反应灵活调整陈述方式和内容，以达到最佳陈述效果。

（6）切勿发牢骚、吐苦水，切勿发表无凭无据或极端的言论。

四、运用提问技巧

在面谈过程中，有效提问可以促进面谈顺利进行。

（一）有效提问的原则

1. 目的性原则

提问的目的要明确，提问者要围绕提问的目的设计问题，以使对方的回答能真正为自己解惑释疑。

2. 明确性原则

提问者在提问时要明确地表述问题，不要使用模棱两可的语言，以使对方能准确理解自己的提问意图。

3. 针对性原则

进行有针对性的提问，才能得到有效的回答。由于被问者的年龄、性别、职业、文化素养等不同，对问题的理解也会有所差别，因此提问者要从实际出发，有针对性地提出不同难度和深度的问题。

4. 适宜性原则

提问的适宜性原则包括适量、适度和适时三个方面。

（1）适量是指所提问题的数量要适当。问题的数量不可过多，一般一次只提一个问题，否则会分散被问者的注意力。

（2）适度是指问题的难度和深度要适中。必须紧紧围绕面谈的主题来提问，同时要确保所提问题不超出被问者的能力范围，也不要提对方不便回答的问题。

（3）适时是指提问的时机要恰当。一般要在对方表述完整之后再提出问题，这样做既是对对方的尊重，又可以避免打断对方的思路。

 沟通技巧

课堂互动

回顾你在生活中最成功的一次面谈的具体过程,并谈谈你在此次面谈中遵循了有效提问的哪些原则。

(二)有效提问的技巧

有效提问,不是不假思索地提问,而是充分运用提问的技巧,慎重构思,提问直击要点。具体来说,提问的技巧主要有以下几个。

1. 尽可能选择开放式提问

开放式提问是指不限制问题答案,使被问者完全根据自己的喜好,围绕主题自由发挥的提问方式。开放式提问具有灵活性和适应性强等优点,能够让被问者畅所欲言。

开放式提问有以下几种典型的问法:

(1)"什么……"。例如,"您对我们有什么建议?""您对这种产品有什么看法?""您的合伙人还有什么不同的想法?"。

(2)"为什么……"。例如,"为什么您会面临如此严重的问题?""您今天为什么这么高兴?"。

(3)"……怎(么)样"或"如何……"。例如,"您觉得这件事会朝着怎样的趋势发展?""您通常都是如何解决这类问题的?"。

指点迷津

与开放式提问相对的是封闭式提问。封闭式提问是指提问者提出的问题带有预设的答案,被问者不需要展开回答的提问方式。例如,提问者问"您今天有时间吗?",被问者只能回答"有"或者"没有"。采用这种提问方式提问,可用来澄清事实,获取信息,缩小讨论范围。但过多地采用封闭式提问,容易让被问者感到十分被动,甚至还可能产生被审问的感觉。因此,提问者应尽量避免过多地采用封闭式提问。

2. 提问要循序渐进

在面谈前,提问者应根据实际情况逐步将面谈目标分解为不同的小目标,然后为各小目标选择具体的提问方式。这样既可以避免问一些无关紧要的问题,浪费时间,又可以循序渐进地实现最终的面谈目标。

3. 注意表达技巧

(1)语速要适中。提问时的语速会影响沟通效果。语速过快,会导致对方听不清问题;语速过慢,会让对方失去沟通的耐心和兴趣。

(2)语气要合适。语气可以表达提问者当时的心情,在无形中传递给对方更多的信息。因此,提问时,要注意使语气和所要表达的情感相吻合,从而使提问更加有效。

（3）要有礼貌。提问时，要注意使用礼貌用语，措辞要委婉，不要咄咄逼人；同时，还要避免提敏感的、私密的问题。

五、运用回答技巧

在面谈过程中，对方可能会向自己提问，此时面谈者需要运用一定的回答技巧，主要包括慎重回答、恰当回答和巧妙回答等。

（一）慎重回答

在正式面谈过程中，不要急于回答对方提出的问题，而要在充分思考后慎重回答，具体应做到以下几点：

（1）遇到一时难以回答的问题时，可以通过喝水、调整姿势、整理面前的物品、翻看笔记本等动作给自己争取思考的时间。

（2）并不是所有的问题都需要回答，对于一些不值得回答或不能回答的问题，不予理睬就是最好的回答，但要注意礼貌。

（3）如果无法提供确切的答案，不要随意猜测答案，以免误导对方。此时，应诚实地向对方说明情况。

（4）对于一些在不同条件下有不同答案的问题，应根据实际情况，弄清对方提问的目的，特别注意是否有"陷阱"，然后设定有利于自己的条件，并在回答时以此为前提。

（二）恰当回答

（1）在认真理解问题的基础上回答，应尽量提供对方需要的答案。如果对问题有不理解的地方，可以请对方进一步解释问题。

（2）尽量用简洁明了的语言回答问题，避免使用复杂的专业术语或冗长的句子。

（三）巧妙回答

（1）顾左右而言他。对于一些难以直接回答，又不能不回答的问题，可以采用"顾左右而言他"的方式回答，即避开问题的实质，将话题引向别的方向。

（2）以问代答。对于一些难以回答或不想回答的问题，可以采用以问代答的方式回答，让对方自己回答自己提出的问题。

> **故事讲堂**
>
> **纪晓岚机智回答乾隆皇帝**
>
> 乾隆皇帝微服私访下江南时，带了大学士纪晓岚随行。一天，大家走了很久，口干舌燥，纪晓岚看见路边有一棵梨树，就摘下一个梨自己吃了起来。

沟通技巧

> 乾隆皇帝看到后,生气地问道:"孔融四岁能让梨。你得梨后为何不让,自己便吃了?"
> 纪晓岚这才发现自己失礼了,赶忙说:"梨者,离也。臣奉命伴驾,不敢让梨(离)。"
> 乾隆皇帝又问:"那你不能分我一半梨吗?"
> 纪晓岚接着说:"臣有生之年,都将为君效命,绝无二志,怎敢与君分梨(离)呀?"
> 乾隆皇帝无可奈何,只能咽了咽口水。于是,一场可能会发生的大祸就这样悄然解决了。

任务实施

情景模拟——人物访谈

【实施步骤】

(1)学生自由分组,4~6人为一组。

(2)各小组自行设定访谈对象背景,拟定访谈提纲,分角色进行人物访谈情景模拟,在情景模拟过程中注意遵守见面礼仪,运用介绍技巧、陈述技巧、提问技巧、回答技巧等。

(3)各小组对情景模拟过程进行摄像,并剪辑视频,然后在课堂上展示。

【实施记录】

根据任务实施情况填写表3-1。

表3-1 任务实施记录表

班级		组号		指导教师	
小组成员	姓名	学号	任务分工		
活动心得					

项目三　面谈技巧

任务二　熟悉常见面谈类型的沟通技巧

任务导入

小冯为何面试失败

小冯是某重点大学的应届毕业生，他收到了一家大型公司研发部的面试通知。小冯在大学期间成绩优异，并且在有影响力的学术期刊上发表了多篇论文，操作能力也很强，很适合从事研发工作。为了通过面试，小冯早早就准备了合适的西装、皮鞋和大学期间的成绩单、相关证书、已发表论文的复印件，还上网了解了该公司的相关信息。

第一轮面试时，两位面试官分别是人事主管和招聘专员。人事主管先问小冯是否了解本公司，在小冯回答后，接着又问小冯身高、有无女朋友等与工作无关的问题。随着面试过程的推进，小冯逐渐放松下来。他习惯性地撸起袖子，下意识地捏着手中的水杯，不停地抖动双腿，好几次碰响了桌子。人事主管问完后，招聘专员与小冯交流。其间，人事主管暂时离场，小冯认为人事主管对他失去了兴趣，有点慌乱，好几次需要招聘专员重复提问，他才能勉强回答。轮到小冯提问时，小冯问了一些与招聘岗位有关的问题。由于慌乱，小冯有点语无伦次，导致招聘专员不清楚小冯想要问什么。在整个面试过程中，小冯一直低着头，只有回答问题时才偶尔抬一下头。

面试结束后，小冯一脸沮丧地离开，也没有和面试官道别。

最终，小冯面试失败。

思考：
（1）小冯为什么会面试失败？
（2）应聘者的沟通技巧有哪些？

在日常生活与工作中，常见的面谈类型有招聘面谈、绩效反馈面谈、咨询面谈等。在进行这些面谈时，人们应掌握一定的技巧。

一、招聘面谈技巧

招聘面谈即面试，是指面试官对求职者进行当面测试，是两者之间进行信息交流的过程，如图3-6所示。通过招聘面谈，面试官可以对求职者进行全面、准确的评估，从而找

到最合适的人选；求职者可以了解用人单位的具体情况，并向面试官当面展示自己的能力，以争取工作机会。

图 3-6　招聘面谈

（一）招聘面谈的流程

招聘面谈的流程一般分为以下三个阶段。

1. 接触阶段

在这一阶段，面试官与求职者相互问候，并简单了解对方。面试官可以进行简单的自我介绍或介绍用人单位的基本情况、面试的基本要求等，还可以和求职者聊一些轻松、愉快的话题，以消除求职者的紧张情绪。求职者需要进行自我介绍，介绍内容主要包括个人的基本信息、实践经历、自己所取得的证书、获得的奖项，以及自己的职业理想和对本行业的看法等。需要注意的是，求职者在自我介绍过程中应合理分配时间。

2. 问答阶段

在这一阶段，面试官会提出一系列问题让求职者回答，以考查求职者是否适合其所应聘的岗位。常见的问题主要包括以下几类：① 政治类试题，用于考查求职者的政治见解和判断是非的能力；② 技能类试题，用于考查求职者的技能水平；③ 综合类试题，用于考查求职者的综合素质；④ 心理类试题，用于考查求职者的心理素质和应变能力。

此外，求职者也可以对面试官提出相关问题，以深入了解用人单位的发展情况和所应聘岗位的具体情况。

6个经典面试问题及其答题要点

问题1：你有什么业余爱好？

答题要点：

（1）不要说自己没有业余爱好。

（2）不要说自己有庸俗的、令人感觉不好的业余爱好。

（3）最好能列举一些户外运动作为业余爱好，为自己塑造充满活力的形象。

问题2：谈谈你的缺点。

答题要点：

（1）不宜说自己没有缺点。

（2）不宜把那些明显的优点说成缺点。

（3）不宜说出会对应聘岗位产生严重影响的缺点。

（4）可以说一些对应聘岗位来说无关紧要的缺点，甚至是一些从表面上看是缺点，但从工作的角度看是优点的缺点。

问题3：谈一谈你的一次失败经历。

答题要点：

（1）不宜说自己没有失败的经历。

（2）不宜把那些明显的成功经历说成失败经历。

（3）不宜说会对应聘岗位产生严重影响的失败经历。

（4）宜说明失败主要是客观因素导致的。

（5）宜说明失败后自己很快振作起来，吸取经验教训，以更加饱满的热情面对后来的工作。

问题4：你为什么选择我们公司？

答题要点：

（1）建议从行业、公司和岗位三个角度来回答。

（2）一般可以这样回答："我十分看好贵公司所在的行业，我认为贵公司十分重视人才，而且这份工作与我所学的专业相匹配，我相信自己一定能做好。"

问题5：与上级意见不一致时，你会怎么办？

答题要点：

一般可以这样回答："我会向上级做必要的解释，若上级仍然持有不同意见，则服从上级。"

问题6：你是应届毕业生，缺乏相关工作经验，如何胜任这个岗位？

答题要点：

（1）如果面试官对应届毕业生提出这个问题，说明他们并不是真正在乎求职者是否有经验，而是想了解求职者怎样回答。回答这个问题时，最好要表现出自己的诚恳、机智、果敢、敬业等。

（2）一般可以这样回答："作为应届毕业生，我在工作经验方面的确有所欠缺。但在校期间，我积极参与了相关实习。我有较强的责任心、适应能力和学习能力，圆满地完成了相关工作任务，并从中受益匪浅。请贵公司放心，我在学校所学的知识、实习所获得的工作经验和我较强的学习能力一定能让我胜任这个岗位。"

3. 结束阶段

在这一阶段，面试官会与求职者就后面的招聘进程达成一致意见，求职者应适时告辞。

（二）面试官的沟通技巧

（1）充分准备。面试官应事先仔细查看求职者的简历（见图3-7），了解求职者的基本情况，并拟定面试纲要，包括需要问的问题、提问次序和方式等。

图3-7　查看求职者的简历

（2）控制时间，调整节奏。在面试前，面试官应根据面试人数与面试总时间，合理确定每名求职者面试的时间。在面试时，面试官应注意合理控制时间，防止面试超时，并根据面试情况合理调整面试节奏。

（3）紧扣目的，准确提问。面试官必须始终紧紧围绕面试目的进行提问，防止偏离主题。提出的问题应清晰、明确、具有针对性。

（4）认真倾听，注意观察。面试官应认真倾听求职者的发言，在求职者发言结束后，给予积极的反馈，如点头、微笑或进行简短评价等。此外，面试官还应注意观察求职者的面部表情和身体动作，以分析、判断求职者的心理状态和心理素质。

（5）营造良好的氛围。面试官应保持微笑，表现得友好、热情，以免让求职者感到紧张，还应适当与求职者进行目光交流，以目光鼓励求职者积极表现自己。

（6）适时结束面试。面试官应根据面试安排和面试实际情况，适时表示结束面试。在面试结束前，面试官可简单总结此次面试的关键信息，指出求职者的优点，并表达对其参与面试的感谢。此外，面试官还应告知求职者后续的流程和时间安排。

（三）求职者的沟通技巧

1. 注重面试礼仪

求职者的仪容仪表和言行举止会影响面试官对自己的第一印象。因此，在面试前，求职者应保持头发整洁、面部清洁，并根据所应聘岗位的性质选择着装，以适合面试场合、符合职业形象的着装参加面试。在面试过程中，求职者应举止得体，具体应做到以下几点：

（1）敲门进入。进入面试室前，应先轻轻敲门，得到许可后方可进入，切忌直接推门而入。

（2）主动问候。进入面试室后，应主动向面试官行点头礼或鞠躬礼，并向其问好，如"上午好""下午好""各位领导好"等。

（3）态度恭谦。在面试过程中，应保持注意力集中、沉着冷静、态度恭谦，以给面试官留下诚恳、自信、乐观、不卑不亢的印象。此外，还应如实回答面试官的问题，切忌避重就轻、含糊其词。

（4）注重仪态。在面试过程中，应注意保持端正的坐姿，切忌东倒西歪、交叉双臂或不停地抖腿等。

（5）注意聆听。在面试过程中，一定要仔细聆听面试官的讲话并适时以"嗯""对""是的""我想是的"等话语回应，以给面试官留下良好的印象。注意聆听是有礼貌、有修养的表现，求职者若随意打断面试官的讲话或抢着发言，则可能给面试官留下急躁、缺乏修养的印象。

（6）适时告辞。一般面试官示意面试结束时，会说"谢谢你对我们单位这项工作的关注""谢谢你的参与，我们做出决定后会通知你的"之类的话。此时，求职者应微笑着起立，感谢用人单位给予的面试机会，然后从容地走出面试室并轻轻地关上门。如果进入面试室时有人接待或引导，则求职者离开面试室时，应向其致谢并告辞。

2. **语言简要、得体**

（1）简明扼要。用最少的语言传递尽可能多的信息。说话要紧扣主题，避免啰唆和使用口头禅。

（2）通俗易懂。如果求职者的语言不够通俗、朴实，面试官可能听不懂，无法理解求职者要表达的意思，从而影响其对求职者的了解和评价。

（3）谈吐文雅。在与面试官交谈时，应多用敬语、谦辞，切忌争论、随意插话、连续追问、乱开玩笑；在面试官谈兴正浓时，不要轻易转移话题。

> **指点迷津**
>
> 在面试交谈中，求职者应尽量使用生动和幽默风趣的语言，这样既能表现出求职者优雅的气质和风度，也能营造轻松、愉快的面试气氛。

3. **善于打破沉默**

在面试过程中，求职者出于种种顾虑，不敢主动说话，容易导致冷场。此时，求职者若可以巧妙地"借事出题""由情入题""即景生题"，或揣测面试官的心理，寻找对方最熟悉、最感兴趣的话题，打破沉默，则有利于面试的顺利进行。

面试的艺术

4. 给出独到见解

面试官接待的求职者一般很多，对于相同的问题，面试官可能已经听到很多相似的回答，求职者若能给出独到的个人见解，则更能引起面试官的兴趣和注意。

5. 坦然面对失误

人在紧张时很容易说错话，碰到这样的情况，许多求职者往往不知所措。正确的办法是，如果说错的话无关大局、无伤大雅，求职者可以继续专心回答下一个问题，不必耿耿于怀、提心吊胆；如果说错的话比较重要，求职者应及时道歉，并向面试官解释清楚。

6. 做到扬长避短

求职者应清楚地认识到每个人都有自己的长处和不足。在面试过程中，求职者要注意扬长避短，必要时可以委婉地向面试官说明自身的不足，并表示会采用适当的方法来弥补自身的不足。

巧妙回答，打开求职之门

上海某知名公司应邀到某高校举行专场招聘会，很多大学生慕名而来投递简历。经过简历初筛、笔试和第一轮面试后，大学生小陈和小赵进入同一个岗位的最终面试环节。

面试官分别向小陈和小赵提出同样的问题："我们公司规模较大，总部设在上海，在全国各地有多个子公司，凡被录用的人员都要先到基层进行锻炼。基层条件比较艰苦，请问你是否有思想准备？"小陈微微一笑，回答道："吃苦对我来说不成问题。我从小在农村长大，我很乐意到基层去，而且在基层摸爬滚打能积累丰富的工作经验，为今后职业发展打下基础。"小赵略微考虑后回答道："我认为到基层锻炼很有必要，我会尽一切努力克服困难，好好工作。但作为年轻人，我也希望有发展的机会。不知贵公司准备安排我到基层工作多长时间？我还有回上海总部工作的机会吗？"

第二天，小陈收到了公司的录用函，而小赵遗憾落选。

在面试过程中，回答问题的技巧非常重要。有些回答表面上看起来合情合理，却可能令面试官反感。在本案例中，面试官考查的是求职者的工作态度和价值观，面试官更倾向于选择可以脚踏实地工作的人，因此小陈获得了面试官的青睐。

二、绩效反馈面谈技巧

绩效反馈面谈（见图 3-8）是指管理者针对绩效考核结果，结合下属情况，与下属进行面对面的交流与讨论，从而指导下属持续提高工作绩效的活动。在某些情况下，也可由人力资源管理部门的专门人员代替管理者对其下属进行绩效反馈面谈。

图 3-8 绩效反馈面谈

（一）准备面谈

进行绩效反馈面谈前，面谈双方都应做好相应的准备工作。例如，面谈者应仔细了解面谈对象的相关情况，拟定面谈提纲等；面谈对象应对近段时间的工作进行总结，并准备未来一段时间内的个人发展计划等。下面主要介绍面谈者应做的准备工作。

1．搜集并分析信息

面谈者确定了面谈对象后，要着手搜集和分析面谈对象的有关信息，主要包括面谈对象的工作岗位及其职责、工作计划、工作目标、绩效考核标准、工作完成情况等。

2．确定面谈时间和地点

具体面谈时间宜为面谈双方都方便的时候，地点通常应为比较安静的场所，如会议室（见图 3-9）。面谈者应提前将面谈的时间和地点告知面谈对象，以便面谈对象做好准备。

图 3-9 会议室

3．拟定面谈提纲

为了使绩效反馈面谈顺利、有序地展开，面谈者应事先拟定面谈提纲，明确面谈目的，突出面谈重点，设计好合适的面谈开场白与结束语。

（二）正式面谈

1. 说开场白

面谈开始时，通常由面谈者简短地向面谈对象说明面谈目的和基本内容。此时，面谈者应注意调节气氛。例如，将轻松的话题作为开场白，尽量消除对方的紧张心理，然后自然地过渡到正式面谈内容。

2. 面谈对象进行自我评估

面谈对象可以参照原定的工作计划和工作目标，简明扼要地汇报考核期内的工作情况。此时，面谈者应注意倾听，不随意打断面谈对象的陈述，并关注面谈对象的工作实绩，留意其失误的地方，对于有疑惑的地方，可以适时询问，以及时澄清与确认。

3. 面谈者评估面谈对象

面谈对象进行自我评估后，面谈者可以依据原定的工作计划和工作目标，对面谈对象的工作绩效进行评估和打分，并给予必要的说明。在评估过程中，面谈者应本着实事求是的精神，不带任何偏见，避免感情用事，既要肯定面谈对象的工作实绩，又要客观地指出其缺点。

4. 双方深入讨论，达成共识

经过深入讨论后，面谈双方会在对彼此的要求和期望等方面达成共识，包括面谈者对面谈对象今后工作的要求和期望、面谈对象今后的发展计划、面谈对象需要用人单位提供的必要支持等。在这一阶段，面谈者应认真听取面谈对象的建议，对面谈对象为今后发展提出的合理要求和建议给予积极的肯定和支持。同时，面谈者还应利用这个机会积极地鼓励面谈对象，使面谈对象在绩效反馈面谈结束后更加积极、努力地工作。

同步案例

一次成功的绩效反馈面谈

吴总："小王，我想就你的绩效考核结果和你聊一聊，你什么时候比较方便？"

小王："吴总，我这两天要接待公司的重要客户，星期四以后事情不多，具体时间您定吧。"

吴总："我星期五也没有其他重要安排，那就定在星期五上午九点怎么样？"

小王："没问题。"

星期五之前，吴总认真准备了面谈可能用到的资料，并设想了面谈中可能会遇到的情况。小王也对自己过去一年的工作情况进行了反思，并草拟了一份工作总结和个人发展计划。

星期五上午九点，两人一起来到公司小会议室，小王顺手关上了门，然后侧坐在吴总右侧。

吴总:"小王,今天我们用一个小时左右的时间对你过去一年的工作情况进行回顾,你先做一下自我评价。"

小王:"过去一年,我的主要工作是领导客服团队为客户提供服务,但是效果不是很令人满意。我们制订了一系列的标准,但满意客户的数量增幅仅为55%,距离80%的目标相去甚远。这一项我给自己评为'合格'。"说话的同时,小王用双手把文件递给吴总。

吴总:"事实上,我觉得你们的这项举措是很值得鼓励的。结果不是很理想可能是由于你们没有充分征询客户的建议,但想法没有问题,后面可以逐步完善。这项我给你评为'优良'。"

小王:"谢谢吴总的鼓励,我们一定努力。"

吴总:"下一个。"

小王:"在为相关部门提供数据方面,我觉得自己做得不错。我们从未提供不正确的数据,而且对于别的部门想要的数据,我们都会提供。这一项我给自己评为'优秀'。"

吴总:"你们提供的数据准确性较高,这点值得肯定。但我觉得还有一些有待改善的地方,比如,你们提供数据的时间有时会延迟。我认为这项还达不到'优秀'的等级,可以评为'优良'。"

…………

吴总:"针对你过去一年的工作情况,我想总的评价应该是B+,你觉得呢?"

小王:"好的,谢谢吴总,以后我一定会更加努力的。"

吴总:"下面我们来讨论你今后需要继续保持和需要改进的地方,对此你有什么看法?"

小王:"我觉得我最大的优点是比较有创造性,注重对下属进行人性化管理,喜欢并用心培养新人。最大的缺点是不太注重向上级及时汇报工作,缺乏有效的沟通。我今后的发展方向是做一名优秀的客服经理,培养一个优秀的客服团队,创造更好的业绩。"

吴总:"我觉得你还有一个长处,就是懂得如何有效授权,知人善任;但你在授权后缺乏有力和有效的控制,这点有待改进。你是一个有领导潜力的年轻人,我相信你今后一定会成为公司的中坚力量。"

小王:"好的,谢谢吴总。"

三、咨询面谈技巧

咨询面谈一般分为两种类型:一种是面谈者就某一问题当面咨询面谈对象,以寻求解决问题的方法,如学生向教师请教问题(见图3-10)、下级向上级请教问题等;另一种是

沟通技巧

面谈者就某一事情当面咨询面谈对象,以了解相关情况,如教师询问学生的学习情况、上级询问下级的工作情况等。

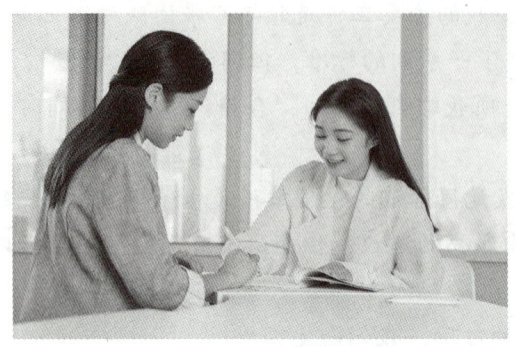

图 3-10　学生向教师请教问题

面谈者就某一问题咨询面谈对象时,应注意时间和场合,选择在面谈对象不忙时咨询;不要在公共场合咨询比较私密的问题;应注意态度,要虚心、诚恳、有礼貌,不要轻易打断对方说话;面谈结束时要向对方表示感谢。面谈对象应认真倾听,抓住问题的关键点,在认真思考后给出准确、有价值的答案;回答时应使用清晰、简洁的语言,必要时可以举出相关事例或引用权威资料来支持自己的答案。

面谈者就某一事情咨询面谈对象时,应做到以下几点:① 努力获得面谈对象的信任,不随意向他人泄露谈话内容;② 营造和谐的气氛,让面谈对象可以毫无顾忌地倾诉;③ 不随意评价面谈对象的观点,不将自己的观点、态度等强加给面谈对象,而要让面谈对象冷静地选择或者采纳相关建议。面谈对象应先明确面谈者的意图,再做出适当的回答。

 **课堂互动**

你有过咨询面谈的经历吗?请分享一下,并分析自己在咨询面谈过程中有哪些做得不好的地方。

任务实施

情景模拟——招聘面谈或绩效反馈面谈

【背景材料】

情景一:A 公司招聘总经理秘书

时间:20××年9月。

地点:A 公司会议室。

人物:面试官、三名求职者(小白、小徐、小秦)。

小白，某大学中文专业毕业生。大学期间，小白在相关刊物上发表了多篇文章，还参与过 6 家公司的周年庆典策划活动。此外，小白五官端正，身材高挑、匀称，英语表达流利。面试当天，小白身穿牛仔套裙，脚蹬一双白色羊皮短靴，拎着橘色的手提包。为了和这身打扮配套，小白还化了浓妆。轮到小白时，她不请自坐，随后跷起二郎腿，笑眯眯地等着问话。

小徐，某大学法律专业毕业生，曾在大型公司做文秘工作。小徐觉得该工作对她而言是十拿九稳的，因此面试之前没怎么准备。面试当天，小徐看到面试官时就开始紧张，在自我介绍时把简历完整地背了一遍，背完之后愈发紧张。之后在回答问题时，她一会儿摸头发、耳朵，一会儿揉鼻子。

小秦，某大学文秘专业毕业生，在面试之前做好了充分的准备。面试当天，小秦由于准备充分，在面试过程中充满自信，获得面试官的一致好评。

情景二：B 公司销售经理开展绩效反馈面谈

时间：20××年 6 月。

地点：B 公司会议室。

人物：销售经理、两名员工（小唐、小谢）。

销售经理准备就本次绩效考核结果分别与小唐、小谢进行面谈，以了解他们的工作情况，进一步提高他们的工作业绩。

小唐，在 B 公司工作一年了，工作积极，富有热情，且具有创造力，总能做出比较新颖的方案，上个月的销售业绩名列前茅。小唐在本次绩效考核中被评为"优秀"。针对这次绩效反馈面谈，小唐对自己过去的工作进行了总结，并准备了一份个人发展计划和一份对部门未来发展的建议。

小谢，在 B 公司工作三年了，性格沉稳，工作踏实认真，但缺乏创新思维，销售业绩一直处于部门中游。小谢在本次绩效考核中被评为"良好"。针对这次绩效反馈面谈，小谢对自己过去的工作进行了总结，并准备了一份个人发展计划。

【实施步骤】

（1）学生自由分组，3~5 人为一组。

（2）各小组从上述情景中选择一个，分角色进行情景模拟，在情景模拟过程中注意合理运用招聘面谈技巧或绩效反馈技巧。

（3）各小组对情景模拟过程进行摄像，并剪辑视频，然后在课堂上展示。

【实施记录】

根据任务实施情况填写表 3-2。

表 3-2　任务实施记录表

班级		组号		指导教师	
小组成员	姓名	学号	任务分工		
活动心得					

学习成果自测

1. 填空题

（1）_____是指人与人之间面对面的现场交流。

（2）一般来说，_____，地位低者应先向地位高者问候，男士应先向女士问候。

（3）_____一般适用于工作场合，介绍内容包括本人姓名、供职单位与部门、所担任的职务或从事的具体工作等。

（4）_____是指不限制问题答案，使被问者完全根据自己的喜好，围绕主题自由发挥的提问方式。

（5）对于一些难以直接回答，又不能不回答的问题，可以采用_____的方式回答，即避开问题的实质，将话题引向别的方向。

（6）招聘面谈的流程一般分为_____、_____、_____。

（7）咨询面谈一般分为两种类型：一种是面谈者就某一问题当面咨询面谈对象，以_____；另一种是面谈者就某一事情当面咨询面谈对象，以_____。

2. 单项选择题

（1）以下属于职称性称呼的是（　　）。

　　A．钱经理　　　B．钱医生　　　C．钱教授　　　D．钱先生

（2）握手的时间以（　　）秒为宜。

　　A．6～8　　　　B．3～5　　　　C．1～2　　　　D．8～10

（3）提问者在提问时要明确地表述问题，不要使用模棱两可的语言，以使对方能准确理解自己的提问意图。这体现了有效提问的（　　）原则。

　　A．针对性　　　B．明确性　　　C．适宜性　　　D．目标性

（4）"您打算如何解决您遇到的问题呢？"属于（　　）。

　　A．开放式提问　　　　　　　　B．封闭式提问

　　C．选择性提问　　　　　　　　D．理解性提问

（5）求职者进入面试室前，应（　　）。

　　A．先轻轻敲门，得到许可后方可进入

　　B．直接推门而入

　　C．用力敲门

　　D．用脚轻轻踢开门

3. 多项选择题

（1）以下属于职务性称呼的是（　　）。

　　A．孙处长　　　B．处长　　　　C．孙律师　　　D．孙宏处长

（2）握手的顺序一般是（　　）。

　　A．上级在先　　　　　　　　　B．主人在先

　　C．长者在先　　　　　　　　　D．男士在先

（3）有效提问的技巧有（　　）。

　　A．语速要适中　　　　　　　　B．尽可能选择封闭式提问

　　C．语气要合适　　　　　　　　D．提问必须循序渐进

（4）求职者应掌握的沟通技巧包括（　　）。

　　A．善于打破沉默　　　　　　　B．给出独到见解

　　C．坦然面对失误　　　　　　　D．直接说出自己的不足

4. 简答题

（1）简述接受名片的礼仪。

（2）简述介绍他人的方式。

（3）简述陈述技巧。

（4）求职者在面试过程中的沟通技巧有哪些？

（5）进行绩效反馈面谈前，面谈者应做好哪些准备工作？

 沟通技巧

学习成果评价

请进行学习成果评价,并将评价结果填入表 3-3 中。

表 3-3　学习成果评价表

班级		指导教师		日期	
姓名		学号			
项目名称			面谈技巧		
评价项目	评价内容		分值	自我评分	教师评分
知识（40%）	见面礼仪		6		
	介绍技巧和陈述技巧		7		
	提问技巧和回答技巧		7		
	招聘面谈技巧		8		
	绩效反馈面谈技巧		7		
	咨询面谈技巧		5		
技能（40%）	能够在面谈过程中遵守见面礼仪,灵活运用介绍、陈述、提问、回答技巧		20		
	能够有效进行招聘面谈、绩效反馈面谈、咨询面谈		20		
素养（20%）	具备良好的学习态度,积极参与实践活动		5		
	具备良好的团队精神和团队协作能力		5		
	遵守文明礼仪,传承中华传统美德		5		
	培养低调务实、谦逊自知的美好品德		5		
合计			100		
总分（自我评分×40%+教师评分×60%）					
自我评价					
教师评价					

项目四

演讲技巧

项目导读

在婚礼上致辞，在会议上汇报工作，在课堂上展示 PPT……无论是在生活中，还是在工作、学习中，都有需要演讲的场合。学习演讲技巧，有助于人们在公开场合更有效地表达自己的思想和情感，触动听众心灵，展现个人风采。

学习目标

知识目标

- 了解演讲的特点和类型。
- 熟悉演讲前的准备。
- 掌握演讲的体态语言技巧和辅助语言技巧。

素质目标

- 学习撰写演讲稿，学会自主思考，提高逻辑思维能力和创新能力。
- 积极参与演讲实践，勇于表达见解和主张，增强自信。

 沟通技巧

 任务导入

历史上的演讲

在我国历史上，众多卓越的演说家通过震撼人心的演讲激励民众、传播思想、推动变革。战国时期，苏秦凭借超群的口才，成功游说东方六国，促成了合纵抗秦的联盟；三国时期，诸葛亮出使东吴，用智慧与口才战胜了众多谋士，最终说服吴王孙权联合刘备抗击曹操；戊戌变法中，梁启超在国难之际，振臂高呼，唤醒了民众，引导他们投身革命……

思考：
（1）什么是演讲？
（2）演讲具有哪些特点？

演讲又称演说、讲演，是指在公众场所，针对某个具体问题，鲜明、完整地发表自己的见解和主张，阐明事理或抒发情感，进行宣传鼓动的沟通方式。

一、演讲的特点

（一）目的性

每一次演讲的背后，都隐藏着演讲者希望达到的具体目的。演讲者通常会根据演讲的目的，精心组织演讲的内容。如果演讲的目的是说服听众，演讲者会使用强有力的论据，试图改变听众的观点或推动其采取某种行动；如果演讲的目的是树立形象，演讲者常常会分享自己的经历、展示个人魅力，努力赢得听众的支持。

（二）现实性

演讲主题和内容往往与现实生活密切相关。演讲者常常会谈论当前的社会现象、科技成果、经济动态等，这些都是现实生活中的重要议题。通过演讲，人们能够了解到现实生活中的最新动态，也可以对现实生活中的问题进行深入思考和讨论。

(三) 艺术性

演讲是一门艺术。演讲的艺术性主要表现在以下几个方面：

(1) 有声语言的艺术性。演讲者能够巧妙地利用声音这一媒介，以具有质感、美感、动感的有声语言将信息、情感、思想传递给听众，让听众感受到演讲的魅力。

(2) 体态语言的艺术性。演讲者能够用丰富、生动的面部表情和自然、恰当、协调的身体动作来强化演讲的感染力，让演讲变得更加引人入胜。

(3) 整体的艺术性。成功的演讲是一个多维度的艺术创作过程，要求演讲者在形象塑造、语言表达、声音调控、现场表演等各方面达到高度的和谐与统一，并在此基础上展现出多样性和创造性，以吸引听众的注意力。

(四) 综合性

演讲的综合性主要表现在以下几个方面：

(1) "写"与"说"的综合。"写"是指撰写演讲稿，"说"是指进行口头表达。一般来说，演讲者需要将"写"与"说"紧密结合，既撰写出优秀的演讲稿，又进行出色的口头表达。一方面，优秀的演讲稿能够为演讲者提示演讲的逻辑框架；另一方面，出色的口头表达有助于演讲者将书面文字转化为富有感染力的声音，使听众产生强烈的共鸣。

(2) "讲"与"演"的综合。"讲"是指通过口头语言来传达信息、观点和情感。"演"是指运用面部表情、身体动作（见图4-1）等直观地展现自己的情感和态度，进一步拉近与听众的距离。"讲"与"演"的综合运用，使得演讲不仅仅停留在文字层面，更成为一门直观、生动的视听艺术。

图 4-1　运用身体动作

（五）鼓舞性

鼓舞性是指演讲能够激发听众的热情，唤起听众的共鸣，促使听众积极行动。有无鼓舞性，是检验演讲成功与否的重要标志。

二、演讲的类型

演讲的类型多种多样，下面介绍几种常见的演讲的分类。

（一）按内容分类

按内容分类，可以将演讲分为以下几类：

（1）政治演讲。政治演讲是指以处理国家内外重大事务为主要内容，向公众发表的、代表一定社会团体利益的演讲。政治演讲包括外交演讲、军事演讲、政策演讲等。

（2）学术演讲。学术演讲是指以介绍研究成果、传授专业知识、表达学术见解为主要内容的演讲，具有内容科学、逻辑严谨、语言准确等特点。学术演讲通常在学术研讨会或学术讲座上进行。

（3）思想教育演讲。思想教育演讲是指以宣扬爱国主义、集体主义、社会主义、社会道德等为主要内容的演讲。思想教育演讲常见于演讲比赛、主题演讲会中。

（4）礼仪演讲。礼仪演讲是指在各种礼仪活动中，以抒发情感为主要内容的演讲。礼仪演讲包括婚礼演讲（见图 4-2）、祝寿演讲、悼念演讲等。

图 4-2　婚礼演讲

> **指点迷津**
>
> 进行礼仪演讲时，要特别注意"度"。在表达颂扬、祝贺或哀悼时，演讲者要恰到好处地触动听众，不宜过于夸张或过于敷衍。

（5）商业演讲。商业演讲是指以向听众推广产品或商业理念为主要内容的演讲。

同步案例

H 公司新品发布会上的主题演讲

H 公司在深圳总部召开了夏季新品发布会,推出了众多新产品。在这次发布会上,H 公司消费者业务首席执行官余某发表了主题演讲,详细阐述了 H 公司在操作系统、设备研发等方面的最新进展。

余某在演讲中指出,H 公司自主研发的操作系统已应用于手机、平板电脑、手表等多种设备上。在智能穿戴设备领域,H 公司的新款智能手表相较于前代产品,其健身监测能力得到了显著提升,并新增了血氧检测和心电图检测功能。在智能手机领域,H 公司发布的新款手机配备了高清摄像头,充分彰显了 H 公司在影像领域的技术实力。

从这场主题演讲中可以看出 H 公司进行全方位技术创新的决心。余某在演讲中表示,H 公司始终坚守"以客户为中心"的发展理念和"敢想敢做"的商业精神,并力求通过有意义的创新持续改善人们的生活质量。

(二)按表达形式分类

按表达形式分类,可以将演讲分为以下几类:

(1)命题演讲。命题演讲是指事先拟定了演讲题目或主题范围,演讲者提前做了充分准备的演讲形式。

(2)即兴演讲。即兴演讲又称即时演讲,是指演讲者在事先没有准备的情况下发表临时性讲话的演讲形式,如座谈会上的即兴讲话等。

即兴演讲的禁忌

(3)辩论演讲。辩论演讲是指人们针对不同观点展开口头交锋的演讲形式。在辩论演讲中,演讲者不仅要宣传自己的见解,还要反驳对方的观点。

故事讲堂

诸葛亮舌战群儒

东汉末年,刘表去世,刘琮向曹操投降,形势对刘备和孙权极为不利。孙权手下的谋士大多主张投降自保,只有鲁肃主张联合刘备抵抗曹操。

鲁肃引诸葛亮见了东吴的一群谋士。谋士张昭说:"听说刘备到你家里三趟,才把你请出山,以为有了你就如鱼得水,想夺取荆襄九郡。但荆襄已被曹操得到,你还有什么主意呢?"

诸葛亮心里想,张昭是孙权手下第一谋士,如果不先说服张昭,就没办法说服孙权了。诸葛亮说:"刘备夺取荆襄这块地盘,易如反掌,只是不忍心夺取同宗的基业,才被曹操捡了便宜。刘备现在屯兵江夏,另有宏图大计,等闲之辈哪里能懂。国家大事需要有真才实学的人出主意,而口舌之徒只会坐而论道,却拿不出一个办法来,只能为天下人耻笑。"诸葛亮一番话,说得张昭哑口无言。

 沟通技巧

> 谋士虞翻问道:"曹操屯兵百万,列将千员,你有什么看法?"诸葛亮答:"曹操将袁绍、刘表手下的乌合之众纳入麾下,虽然人数众多,但是不足为惧。"虞翻冷笑着说:"你们在当阳和夏口被打败,却说曹操的百万之兵不足为惧,你们在自欺欺人。"诸葛亮说:"刘备退守夏口,是在等待时机。而东吴兵精粮足,还有长江作为天然防线,你们却都劝孙权向曹操投降,真是惹人笑话。"
>
> 东吴的谋士一个接一个地向诸葛亮发难,但诸葛亮在孙权的殿前把他们驳得有口难辩,孙权终于同意联刘抗曹。

 ## 任务实施

观看并分析演讲视频

【实施步骤】

(1)学生在网络上搜集名人的演讲视频,视频不长于 10 分钟。

(2)指导教师从学生搜集到的视频中挑选几个在课堂上播放。

(3)每名学生结合演讲内容、演讲者的身份等,分析该演讲的特点和类型,并谈谈自己的观后感。

(4)指导教师随机选择几名学生发言。

【实施记录】

根据任务实施情况填写表 4-1。

表 4-1 任务实施记录表

班级		姓名		指导教师	
演讲者姓名		演讲题目			
演讲的特点和类型					
演讲内容					
观后感					

任务二 熟悉演讲前的准备

任务导入

一场失败的演讲

北齐的皇帝高纬昏庸无能，北周打着替天行道的名义，分兵三路直扑北齐。当时的北齐军队连续打了几场败仗，最需要的就是提升士气。为了鼓舞士气，北齐名将斛律光建议高纬到军营里演讲。斛律光知道高纬不学无术，于是事先准备好了演讲稿。不仅如此，斛律光还嘱咐道："在演讲的时候，您一定要声泪俱下，打动将士们的心弦。演讲结束后，您还需要亲自去战地看望伤员。"

虽然斛律光安排得十分周到，但负责演讲的高纬仍然十分害怕。高纬每日花天酒地，从来没有在那么多人面前演讲过，但是情况危急，他不得不硬着头皮同意了这个请求。

一大早，将士们就等待着高纬前来演讲，但直到中午高纬才携宠妃前来。站在点将台上的高纬，看着台下的十万大军，十分紧张，尽管手中握着事先准备好的演讲稿，他仍然不知道要说什么。无奈之下，他望着将士们笑了起来。高纬这一笑，逗乐了同在台上的宠妃，宠妃也跟着笑了起来。

本该鼓舞士气的演讲变成了一场闹剧。事后，北齐将士们无不心寒：自己在前方卖命，而皇帝却在后方玩乐。如此昏庸的皇帝，还值得给他卖命吗？当天晚上，便有士兵打开城门，让北周军队进城。

思考：

演讲前要进行哪些准备？

演讲并非随心所欲的闲谈，而是一种比较正式的沟通方式。演讲前准备得越充分，演讲成功的可能性越大。因此，演讲者大都极为重视演讲前的准备。具体来说，演讲前的准备包括以下几个方面的内容。

一、选择演讲主题

演讲者可选择的演讲主题极为广泛。在选择演讲主题时，应注意以下几点：

 沟通技巧

（1）选择具有时代意义的主题。演讲者应关注社会热点，优先选择人们普遍关心的问题作为演讲主题。

（2）考虑听众的层次。由于年龄、文化程度、职业、生活环境等不同，听众对演讲内容的接受程度和喜好有很大差异。在选择演讲主题时，演讲者应充分考虑听众的层次，以确保演讲内容既适宜听众，又对其具有吸引力。

（3）选择切合自身实际的主题。演讲者应选择切合自己的年龄、身份、气质的演讲主题。例如，如果演讲者是一名在校学生，却以"企业管理"为演讲主题，演讲内容就容易因没有实际经验支撑而缺乏说服力。

开学典礼上的演讲主题示例

（4）考虑演讲场合。演讲者在不同的演讲场合中应选择的演讲主题不同。例如，演讲者在开学典礼（见图4-3）上可选择"勤奋学习""树立人生目标"等演讲主题，在毕业典礼上可选择"为社会做贡献""积极应对挑战"等演讲主题。

图 4-3　开学典礼

课堂互动

如果你是学生代表，将在开学典礼上发言，你会选择哪些演讲主题？

二、搜集演讲材料

搜集演讲材料的途径主要有以下两种：① 演讲者通过总结自己的经验或亲身调查得到材料，即获取直接材料；② 演讲者在图书、报刊、网络上搜集材料，即获取间接材料。间接材料是演讲材料最广泛的来源。

在搜集演讲材料时，应注意以下几点：

（1）确保材料真实。真实的材料是演讲具有说服力、感染力的保证；虚构的材料容易与事实冲突，无法使人信服。所以，演讲者在搜集材料时应严格把关，选择真实、可信

的材料，并且不可任意捏造材料。

（2）确保材料扣题。紧扣演讲主题的材料能使演讲内容更加明确、具体，有助于听众理解演讲者想要传达的信息和观点。

（3）尽量搜集新颖的材料。新颖的材料（如少见的案例、最新的研究成果等）能给听众带来新鲜感，使听众更加投入地聆听演讲。

三、撰写演讲稿

演讲稿是为演讲准备的书面材料。演讲稿可以起到以下作用：① 帮助演讲者梳理演讲思路，使演讲内容富有条理；② 帮助演讲者减轻临场的紧张感、恐惧感，增强自信。

演讲者未必会使用演讲稿，不少著名的演讲都是即兴之作，但在重要的演讲前，最好事先准备演讲稿。在撰写演讲稿时，应注意以下几点：① 倡导正确的价值观，传递正能量；② 确保演讲稿结构清晰，使听众能够轻松地跟随演讲者的思路；③ 突出重点，明确、直接地表达出自己的立场和看法。

下面分别从开头、主体、结尾三个部分来介绍撰写演讲稿的具体技巧。

（一）撰写开头

演讲稿的开头又称开场白。好的开头能够吸引听众，为演讲成功打下基础。下面介绍几种常用的开头方式。

1．直入式开头

直入式开头是指开门见山，直截了当地揭示演讲主题、交代演讲意图或指出演讲题目。例如，演讲者可以这样撰写开头："今天我非常荣幸在大家面前演讲，我的演讲题目是'承担起自己的责任'"。这种开头方式的优点是简单易懂，有助于听众迅速明白演讲内容。

2．引用式开头

引用式开头是指以名人名言、民间俗语等在开头点题，引出下文。例如，演讲者可以这样撰写开头："'无穷的远方，无数的人们，都和我有关。'鲁迅先生曾这样说。这对今日的我们来说仍旧是警策之语。我们虽然只是学生，但也要承担起自己的责任"。

3．发问式开头

发问式开头是指在开头提出问题，引导听众对问题进行思考，进而激起听众继续往下听的欲望。例如，演讲者可以这样撰写开头："我们公司花费了5年时间，实现了总收入从20万到1 000万，是什么让我们公司取得了这样的成绩？是我们所有的员工都主动承担起自己的责任"。

（二）撰写主体

演讲稿的主体内容要条理清晰、充实具体，起到充分论证、阐释核心观点的作用。具

 沟通技巧

体来说，在撰写演讲稿的主体时，应注意以下几点：

（1）根据事物内部的联系，合理安排演讲稿的逻辑结构。例如，演讲者可以按照时间顺序（事情的发生—发展—结束）、递进式结构（提出问题—分析问题—解决问题）、人物心路历程的变化或总分结构等规则安排演讲稿的逻辑结构。

（2）对论点进行标记，使演讲稿层次分明。为了使听众能清楚了解演讲者的观点，演讲者可以在撰写演讲稿时对论点进行标记，如用"首先""其次""最后"或"第一""第二""第三"等词语引出相关论点。

（3）合理运用修辞手法，使语言生动形象。例如，演讲者可以运用比喻手法把抽象的道理说明白，运用夸张手法渲染主题，运用排比手法增强语言的气势，运用设问手法强调关键内容。

演讲稿中常见的修辞手法

1. **比喻手法**

比喻手法是指根据甲乙两类不同事物的相似点，用乙事物来比甲事物。例如，演讲者写道：我们的团队就像一支配合默契的乐队，每个人都在各自的位置上互相配合，共同演奏出美妙的音乐。在这句话中，演讲者将团队比作一支乐队，可以让听众联想到乐队成员在各自位置上默契配合的场景，这种生动的描述让演讲内容更加鲜活、有趣。

2. **夸张手法**

夸张手法是指故意夸大或缩小客观事物，以突出事物特征，加深听众的印象。例如，演讲者写道：为了救人，他以风驰电掣般的速度冲进了火海。在这句话中，演讲者夸大了救人者的速度，可以让听众深刻地感受到救人者的英勇。

3. **排比手法**

排比手法是指将三个或三个以上的结构相同或相似、意义相关、语气一致的短语或句子成串排列，以突出语意，增强语言的气势。例如，演讲者写道：我们要做的不是指责，不是争吵，不是忍受，而是和解、合作、共同进步。在这句话中，演讲者通过连续使用三个以"不是"开头的否定短句，明确地表达了对于指责、争吵和忍受这三种行为的反对态度，增强了语言的气势。

4. **设问手法**

设问手法是指演讲者先提出问题，然后自己进行回答；或问而不答，让听众去思索体会。例如，演讲者写道：什么是幸福？幸福就是内心的满足和安宁。在这句话中，演讲者提出的问题吸引了听众的注意力，激发了他们对幸福内涵的思考。

（三）撰写结尾

演讲稿的结尾和开头一样重要。好的结尾能够发人深省、引人回味。下面介绍几种常见的结尾方式。

1. 总结式结尾

总结式结尾是指在结尾处简要地总结演讲内容，以起到突出重点、深化主题的作用。例如，演讲者可以这样撰写结尾："通过今天的分享，我希望大家能够更加爱护我们身边的自然环境，意识到保护自然的重要性。"

2. 号召式结尾

号召式结尾是指在结尾处以慷慨激昂、扣人心弦的语言，对听众提出希望、发出号召。例如，演讲者可以这样撰写结尾："青年朋友们，我们肩负着历史的重托！我们要勇做弄潮儿，让我们为实现中华民族伟大复兴发光发热吧！"

3. 引用式结尾

引用式结尾是指在结尾处引用谚语、格言、诗句等，以使演讲稿富有文采，升华、深化演讲稿的中心思想。例如，演讲者可以这样撰写结尾："'有志者事竟成，破釜沉舟，百二秦关终属楚；苦心人天不负，卧薪尝胆，三千越甲可吞吴。'只要我们志存高远，奋发努力，就能到达理想的彼岸。"

同步案例

精彩的演讲稿

在一篇题目为"在平凡的岗位上绽放光彩"的演讲稿中，开头部分的提问巧妙地引入主题，即无论身处何种岗位，都应贡献自己的价值；主体部分逻辑结构清晰，提出"身处平凡岗位也能实现价值"的观点，同时反驳了"在平凡的岗位上没法有所作为"的消极看法，并通过强调细节的重要性，提出在岗位上实现自我价值的具体方法；结尾部分引用荀子的名言，对全文进行总结，并强调了坚持和行动的重要性。这篇演讲稿的具体内容如下：

"'如果你是一滴水，你是否滋润了一寸土地？如果你是一线阳光，你是否照亮了一分黑暗？如果你是一颗粮食，你是否哺育了有用的生命？如果你是一颗最小的螺丝钉，你是否永远坚守在你生活的岗位上？'这段话告诉我们无论在什么样的岗位上都要贡献自己的价值，绽放自己的光彩。

"在人生旅途中，每个人都需要在岗位上兢兢业业。既然我们选择了这个岗位，那么，我们就应拼尽全力，将热情毫无保留地倾注于这个庄重的选择之上。或许有人会说，我只是一名普通员工，日复一日地重复着相同的工作，又能有何作为？那些关于奉献的词语与我无关。但我要告诉你，即便我们身处平凡的岗位，重复着看似单调的工作，我们也能实现自身的价值。

沟通技巧

> "那么,我们如何立足于本职,实现自我价值呢?我认为是两个字——细节。我们要关注每一处细节,填写好每一份记录,记住每一个数据,分析每一瞬的变化,从小事做起,从现在做起,没有借口,只有坚持。
>
> "当我们勤勤恳恳地工作,得到符合标准的产品时,我们会感到满足和快乐;当我们全心全意、尽职尽责地完成每一项任务,得到客户的认可时,我们会感到欣慰和自豪;当我们注重细节,严谨认真地检查每一项参数,从而避免了事故时,我们会高声欢呼。这就是我们在平凡岗位上尽职尽责的动力所在。
>
> "正如荀子所言:'道虽迩,不行不至;事虽小,不为不成。'这句话时刻提醒着我们,无论路途多么遥远,只要我们不断前行,终会到达目的地;无论事情多么微小,只要我们肯去做,就一定能够成功。正是这种信念,让我们在平凡的岗位上不断超越自我,绽放光彩。"

四、做好心理准备

在正式演讲前,演讲者应做好心理准备。一般来说,演讲者可以采用以下方法做好心理准备:

(1)背诵演讲稿。演讲者对演讲稿越熟悉,演讲时就越有自信,心理压力也就越小。为此,演讲者可以背诵演讲稿,但这并不意味着要一字不差地死记硬背。演讲者可以将演讲稿的主要内容整理成一份演讲提纲,在背诵时将演讲提纲作为记忆的依据。

(2)进行模拟训练。在正式演讲前,演讲者可以找一个安静的地方进行演讲模拟训练。通过反复训练,演讲者会逐渐习惯在人前讲话的感觉,进而增强心理承受能力和临场应变能力。

(3)树立自信。自信是演讲成功的关键。在正式演讲前,演讲者需要肯定自己的能力,相信自己能够胜任这次演讲。

(4)使用积极的自我暗示。演讲者可以使用积极的自我暗示来鼓励自己,如在心里默念"我的演讲有价值,听众一定会喜欢""我已经准备好了""讲完就是胜利了"。

任务实施

撰写演讲稿

【实施步骤】

(1)每名学生从"自信""脚踏实地""青春"三个主题中选择一个作为演讲主题。

(2)每名学生围绕所选主题搜集演讲材料,并结合所学知识,独立撰写演讲稿。演讲稿应结构完整、逻辑清晰、内容充实、语言生动,字数不少于800。

（3）指导教师随机选择几名学生，邀请学生分享自己在撰写演讲稿时运用的技巧和心得体会。

【实施记录】

根据任务实施情况填写表 4-2。

表 4-2　任务实施记录表

班级		姓名		指导教师	
演讲主题		演讲题目			
演讲稿的主要内容					
撰写演讲稿时运用的技巧					
活动心得					

掌握演讲的非语言技巧

任务导入

非语言技巧的重要性

有一场演讲比赛，主题是"机遇与挑战"。其中两名参赛选手，小张和小李，都是写作高手，都精心准备了演讲稿。

小张第一次参加演讲比赛，显得有些拘谨。他直愣愣地站在舞台中央，将演讲稿一字不漏地背了出来，而且全程不敢直视听众。在小张演讲的过程中，听众反应平平，甚至有人打起了哈欠。

 沟通技巧

而小李演讲经验丰富，他昂首挺胸，自信大方地走上舞台。在演讲过程中，小李表情生动，时而微笑，时而皱眉，使得演讲富有感染力；他经常变换语调，时而用高昂的升调，时而又用低沉的降调，使得演讲富有节奏感……听众被他的演讲深深吸引，不时爆发出热烈的掌声。

最后，小张的得分并不高，连初赛都没有通过。小李则凭借演讲过程中出色的表现，一路过关斩将，最终赢得了演讲比赛的冠军。

思考：
（1）小张的演讲为何失败了？
（2）上述案例体现了哪些非语言技巧？

演讲的非语言技巧包括体态语言技巧和辅助语言技巧。

一、体态语言技巧

体态语言有助于演讲者表达情感、树立良好形象。演讲的体态语言技巧主要有以下几种。

（一）巧妙运用目光

演讲者运用目光的方法主要有以下几种：

（1）环视法。演讲者从左到右，或从前到后扫视听众。采用环视法，能够让演讲者与大范围的听众进行目光接触，便于演讲者掌握整个演讲现场的动态，及时发现听众的反应和情绪变化，从而灵活调整演讲的节奏。演讲者在演讲过程中不宜频繁使用环视法，以免给听众造成压迫感。

（2）点视法。演讲者注视某一特定听众，与之进行目光交流。采用点视法，能够让听众感到被重视、被尊重，进而提高对演讲的兴趣。需要注意的是，演讲者不宜长时间注视同一位听众。

（3）前视法。演讲者直视前方。一般来说，演讲者通常会将视线落在听众席的中间或稍后的位置，这样可以确保与大部分听众保持目光接触。

（二）合理使用手势

手势具有极强的感染力，广泛地应用于演讲中。例如，当演讲者激情澎湃地说出"我们一定努力争取实现目标！"时，他可以做出举拳手势（见图4-4）。这一手势与演讲内容相得益彰，能够引起

图4-4　举拳手势

听众的注意，加深听众对演讲的印象。

在演讲中，手势不能随意使用，必须有助于演讲者表情达意，加深听众对演讲内容的理解，否则宁可不用手势。此外，手势不宜单独使用，只有与演讲内容、其他体态语言等密切配合，才能产生应有的效果。

> **课堂互动**
>
> 请为以下演讲语句设计手势：
> (1) "尊敬的老师们，亲爱的同学们，大家早上好！"
> (2) "人活在世上，谁不希望自己的一生过得更有意义、有价值一些呢？"
> (3) "我们来自五湖四海，为了一个共同的目标，走到一起来了。"

> **同步案例**
>
> ### 一个军礼让演讲更富感染力
>
> 一名军人的演讲主题是"军人的妻子"。在演讲过程中，他富有感情地说："做一名军人的妻子是光荣的，也是崇高的。她们与其他的妻子一样，生儿育女、赡养长辈；她们也同样在工作、学习。然而，她们时常只有一个人，她们用自己的行动支持自己的丈夫履行军人神圣的职责。是的，军功章上有她们的一半功劳。军人的妻子，请接受我们的敬礼吧！"
>
> 军人讲到这里，敬了一个军礼。这个军礼是对军人妻子的深情致敬，表达了对她们默默坚守、无私付出的极高赞誉。同时，它也深化了演讲主题，使听众更加深刻地感受到军人妻子这一角色的重要性。

（三）规范使用站姿与行姿

正式的演讲基本上都是站着进行的。站姿是否得体可直接影响演讲的效果。演讲中常用的站姿包括以下两种：

（1）前进式站姿。一脚在前，一脚在后，两足稍有距离，呈45°角，身体微向前倾。前进式站姿给人一种积极进取的感觉。

（2）自然式站姿。两足并排，自然分开，两足的距离与肩同宽。自然式站姿给人一种稳重大方、自然平和的感觉。

此外，演讲者可以根据演讲的需要（如与听众近距离互动，见图4-5），适当走动。在走动时，演讲者应使用规范的行姿，保持步伐稳定，以免急促的步伐扰乱演讲的节奏。

沟通技巧

图 4-5　与听众近距离互动

指点迷津

总的来说，演讲者运用体态语言技巧时需要注意以下几点：

（1）保持自然，避免过度夸张或生硬造作。自然的体态语言能够让听众感受到演讲者的真诚，增强演讲的感染力。

（2）确保体态语言与演讲内容、情感和语境保持一致。例如，当讲述激动人心的故事时，身体可以微微前倾。

（3）适度使用体态语言，不宜过多或过少。频繁使用体态语言会分散听众的注意力，而完全不使用体态语言会使演讲显得单调乏味。

二、辅助语言技巧

（一）正确使用语调

语调的升降变化可以表达不同的情感。演讲中常用的语调包括以下几种：

（1）升调。在演讲中，升调一般表示赞扬、号召、鼓动等。例如，演讲者说："拿出我们的勇气，拿出我们的热情，让我们的青春飞扬！"在这句话中使用升调，可以表示号召，调动听众的情绪，使他们行动起来。

（2）降调。在演讲中，降调一般表示感叹、肯定和祈使等。例如，演讲者说："小动物是多么可爱的生命啊！"在这句话中使用降调，可以让听众感受到演讲者对小动物的喜爱和赞叹。

（3）平调。在演讲中，平调一般表示严肃、悲痛、冷漠等。例如，演讲者说："人们臂上都缠着黑纱，胸前都戴着白花，望着灵车将要开来的方向。"在这句话中使用平调，可以表达出演讲内容的严肃性，让听众感受到演讲者的悲痛之情。

（4）曲折调。在演讲中，曲折调一般表示怀疑、讽刺、调侃等。例如，演讲者说："他真是太可爱了，连哭鼻子的样子也惹人喜欢。"在这句话中使用曲折调，可以让听众感受到调侃的意味。

（二）正确使用重音

重音是指在词语或语句中重读的音。在演讲中使用重音，可以表达核心思想、抒发情感。演讲中需要使用重音的情况包括以下几种：

（1）同类词语或属于排比成分的词语，需要重读。例如，演讲者说："我们的生活，需要热情，需要勇气，需要耐心。"在这句话中，"热情""勇气""耐心"具有相同的性质和作用，构成了排比，应该重读。

（2）起照应、点题作用的词语，需要重读。例如，在一场题目为"跑的启示"的演讲中，演讲者说："听了我这个演讲题目，也许有的听众会感到奇怪：跑，有什么好说的呢？可是，我要说跑，我要说一说他打破亚洲纪录时，那振奋人心的一跑。"这段话中有三个"跑"字，其中应该重读的是第一个和第三个。第一个"跑"字与演讲题目相呼应，所以应该重读。第三个"跑"字真正道出了演讲者要说的"跑"的具体指向，是点题之字，所以也应该重读。

（3）某些词语切合表达情感的需要，需要重读。例如，演讲者说："让暴风雨来得更猛烈一些吧！"在这句话中，"猛烈"一词应该重读，以凸显演讲者不屈不挠的精神，使听众感受到演讲者所传递出的积极向上的力量。

（三）合理使用停顿

在演讲中，停顿既是演讲者换气的时机，也是演讲者表达情感、把控演讲节奏的重要手段。演讲中常用的停顿包括以下几种。

1. 换气停顿

正常情况下，普通人的呼吸大约是3～5秒一次，由于换气的需要，人们在说话过程中必然要停顿，这种停顿即换气停顿。演讲稿中有些句子较长，难以一口气说完，出于生理上的需要，演讲者会进行换气停顿。

换气停顿要恰当，必须符合演讲内容和情感表达的需要，否则会影响听众对演讲内容和情感的理解。例如：在"他望着我笑了起来"这句话中，若在"我"后面停顿，是指他笑了起来；若在"望着"后面停顿，则是指"我"笑了起来。

2. 语法停顿

语法停顿是指根据句子的语法结构所做的停顿。凡有标点符号的地方，演讲者都应适当停顿。停顿时间按照句号、分号、冒号、逗号、顿号的顺序从长到短，至于省略号、破折号、感叹号、问号等，演讲者要根据其使用的地方和表情达意的具体情况来确定停顿时间的长短。

 沟通技巧

3. 逻辑停顿

逻辑停顿是指为了表达某种情感，强调某一观点，突出某一事物，在句中没有标点符号的地方做适当的停顿。逻辑停顿虽然随着表达、强调和突出内容的不同而有所不同，但是仍然受语法停顿的制约，一般用在主语和谓语之间、谓语和宾语之间等。例如，演讲者说："他为了祖国的安危、人民的幸福不惜献出自己的青春年华，不惜献出自己的热血和生命。"在这句话中，"人民的幸福"后虽然没有标点符号，但是需要进行停顿，并辅以重读，用以提醒听众注意主人公的无私奉献精神。

4. 心理停顿

心理停顿不受标点符号和语法关系的制约，没有固定的模式，可以出现在句子的任何地方，有助于抒发情感，使演讲内容更加深刻。前三种停顿的停顿时间都较短，通常为几秒钟，而心理停顿的停顿时间可短可长，短则几秒，长则几十秒，甚至几分钟，由演讲者根据表达内容或情感的需要自行控制。

情感在演讲中的魅力

心理停顿使用得好，可以产生很强的艺术效果。例如，演讲者说："历史上，真正成就大事业的人都是把祖国的命运与自己的命运紧密联系在一起的人。在他们的胸膛中，始终跳动着一颗至真、至善、至美的爱国之心。"在这句话中，由于"至真""至善""至美"三个词语已经把情感推向高潮，演讲者可以在"爱国之心"前进行停顿，以增强演讲的感染力。

 课堂互动

请合理运用辅助语言技巧朗读下面这段话：

青春之火，为祖国而燃烧；青年之路，因奋斗而精彩。如果说爱国是青年不变的信念，奋斗就是青春永恒的底色。苦干实干，让青春的步伐铿锵有力：坚守三尺讲台的"最美教师"，赶赴火场的"逆行英雄"，救死扶伤的"白衣天使"……无数辛勤工作、努力拼搏的青年，用年轻的肩膀托举起这个大有可为的时代，为"中国号"巨轮提供了源源不竭的前进动力。是他们，用坚实的脚步写下了豪迈的追梦宣言：无奋斗，不青春！

任务实施

开展演讲比赛

【实施步骤】

（1）学生根据在本项目任务二的"任务实施"中所选择的演讲主题分为三组，即"自信"组、"脚踏实地"组、"青春"组。

（2）各小组推选两名学生参与演讲比赛。在演讲过程中，学生应注意合理运用体态语言技巧和辅助语言技巧。

（3）指导教师从演讲内容、演讲技巧、演讲效果等方面对学生的表现进行评价。

【实施记录】

根据任务实施情况填写表 4-3。

表 4-3　任务实施记录表

班级		组号		指导教师	
小组成员	姓名		学号		任务分工
活动心得					

学习成果自测

1. 填空题

（1）演讲是指在_____，针对某个具体问题，鲜明、完整地发表自己的见解和主张，阐明事理或抒发情感，进行宣传鼓动的沟通方式。

（2）_____是指演讲能够激发听众的热情，唤起听众的共鸣，促使听众积极行动。

（3）_____是指以宣扬爱国主义、集体主义、社会主义、社会道德等为主要内容的演讲。

（4）_____是演讲材料最广泛的来源。

（5）_____不受标点符号和语法关系的制约，没有固定的模式，可以出现在句子的任何地方，有助于抒发情感，使演讲内容更加深刻。

沟通技巧

2. 单项选择题

（1）演讲又称（　　）。

  A．讨论　　　　B．辩论　　　　C．表演　　　　D．演说

（2）下列选项中，属于礼仪演讲的是（　　）。

  A．悼念演讲　　B．就职演讲　　C．法庭演讲　　D．竞聘演讲

（3）小林正在撰写主题为"在逆境中成长"的演讲稿。下列选项中，（　　）适合作为开头。

  A．盛年不重来，一日难再晨　　　B．不经一番寒彻骨，怎得梅花扑鼻香

  C．千里之行，始于足下　　　　　D．不为五斗米折腰

（4）演讲者有目的、有针对性地注视某位听众，这属于（　　）。

  A．环视法　　　B．前视法　　　C．点视法　　　D．虚视法

3. 多项选择题

（1）下列关于选择演讲主题的说法，正确的有（　　）。

  A．体现时代精神，顺应历史潮流　　B．考虑听众的层次，有的放矢

  C．切合自己的身份　　　　　　　　D．注意演讲场合

（2）学校要开展以"勤奋读书"为主题的演讲比赛。小董搜集到的故事中，不适合作为演讲材料的有（　　）。

  A．祖逖闻鸡起舞　　　　　　　　　B．飞夺泸定桥

  C．狼牙山五壮士　　　　　　　　　D．悬梁刺股

（3）下列关于演讲的非语言技巧的说法，正确的有（　　）。

  A．手势必须有助于演讲者表情达意

  B．升调一般表示赞扬、号召、鼓动

  C．自然式站姿给人一种积极进取的感觉

  D．曲折调一般表示怀疑、讽刺、调侃

（4）下列关于演讲的说法，正确的有（　　）。

  A．所有的演讲者都需要事先准备演讲稿

  B．每一次演讲的背后，都隐藏着演讲者希望达到的具体目的

  C．演讲者应一字不差地背诵演讲稿

  D．真实的材料是演讲具有说服力、感染力的保证

4. 简答题

（1）简述演讲的特点。

（2）简述演讲的类型。

（3）在搜集演讲材料时，演讲者应注意哪几点？

（4）演讲中需要使用重音的情况包括哪几种？

学习成果评价

请进行学习成果评价，并将评价结果填入表 4-4 中。

表 4-4　学习成果评价表

班级		指导教师		日期	
姓名		学号			
项目名称		演讲技巧			
评价项目	评价内容		分值	自我评分	教师评分
知识（40%）	演讲的特点和类型		6		
	选择演讲主题的注意事项		4		
	搜集演讲材料的途径和注意事项		4		
	撰写演讲稿的技巧		8		
	做好心理准备的方法		4		
	体态语言技巧		7		
	辅助语言技巧		7		
技能（40%）	能够撰写结构合理、逻辑清晰、内容充实、语言生动的演讲稿		20		
	能够在演讲中合理运用体态语言技巧和辅助语言技巧		20		
素养（20%）	具备良好的学习态度，积极参与实践活动		5		
	具备良好的团队精神和团队协作能力		5		
	学会自主思考，提高逻辑思维能力和创新能力		5		
	勇于表达见解和主张，增强自信		5		
合计			100		
总分（自我评分×40%+教师评分×60%）					
自我评价					
教师评价					

项目五

电话沟通技巧

项目导读

电话作为一种通信工具，突破了空间的限制，让人们得以向远方的朋友送去祝福，向潜在的客户推销产品，与各地的合作伙伴商讨合作细节……合理运用电话沟通技巧，既可直接、高效地传递信息、交流情感，又可展示自身良好的素养，给他人留下良好的印象，从而使人际沟通更加顺畅。

学习目标

知识目标

- 熟悉拨打电话的技巧。
- 熟悉接听电话的一般技巧。
- 熟悉转接和代接电话的技巧。
- 熟悉处理特殊电话的技巧。

素质目标

- 明白凡事提前做准备的重要性，增强未雨绸缪的意识，成为有责任心的社会主义建设者和接班人。
- 学会灵活应对电话沟通中的各种状况，牢固树立变通思维。

项目五　电话沟通技巧

任务一　熟悉拨打电话的技巧

任务导入

一次失败的电话沟通

M广告公司的业务员小何想向N公司的营销部负责人张经理推销广告服务。这天，小何一上班，就拨打了N公司营销部的电话。

电话一接通，小何就说："嗨，你好。你是张经理吗？你是不是整天在想如何增加销量呢？"

接听者答道："你是谁啊？有什么事情吗？"

小何皱眉，问道："你是张经理吗？我找张经理。"

接听者答道："我是，你有什么事？"

小何得到肯定回答后，立刻调整了语气："哦，张经理，您好！我是M广告公司的业务员小何。我们公司能够提供专业的广告服务，有助于增加贵公司产品的销量。"

张经理似乎有些感兴趣，问道："嗯，那你们有什么成功案例吗？"

小何面露难色——他以前看过相关案例，但记得不太清楚。停顿几秒钟后，他支支吾吾地说道："张经理，我们确实有很多成功案例，具体细节我没办法一一描述。不过，我可以保证我们公司的服务是非常专业的。"

张经理听了小何的回答，语气变得很冷淡："如果你连这些案例的具体细节都无法说清楚，我怎么相信你们的专业能力呢？"说完，张经理便挂断了电话。

> 思考：
> （1）小何在电话沟通中存在哪些问题？
> （2）如果你是小何，你会如何与张经理进行电话沟通？

在日常生活和工作中，人们常常需要拨打电话。为了提高通话的效率和质量，拨打者应合理运用拨打电话的技巧，具体包括做好充分的准备、把握拨打电话的时机、保持良好的状态、进行有效沟通、控制通话时间和礼貌挂断电话。

电话礼仪

103

 沟通技巧

一、做好充分的准备

生活中经常可以看到这种现象：有人行事仓促，总是拨错电话，或者打通了电话，却不知从何说起，浪费了通话双方的时间。为了提高沟通效率，拨打者在拨打电话前应做好以下准备。

（一）明确拨打电话的目的

拨打者只有明确自己想要通过这通电话达到什么目的，才能有针对性地与接听者交流，进而提高沟通效率。例如，销售人员给潜在客户拨打电话前，应明确自己的目的是说服客户购买产品，这样才能有效地引导对话，提高成交的可能性。

（二）准备好相关资料

拨打电话前，拨打者应准备好通话所需的相关资料（见图5-1），以确保通话顺利进行，为成功沟通打下坚实的基础。例如，销售人员给潜在客户拨打电话前，应准备好产品说明书等资料，以便及时、准确地回答客户提出的关于产品特点、功能等的问题。

图 5-1　准备好通话所需的相关资料

讨论在以下情景中，拨打者应准备的资料：
(1) 保险业务员小李拨打客户姜阿姨的电话，准备推销公司新推出的健康险产品。
(2) 客服部周经理拨打生产部刘经理的电话，反映客户关于产品质量问题的投诉。
(3) 教师吴某拨打学生小张的电话，推荐小张参加省级演讲比赛。

（三）检查电话号码

在拨号前，拨打者应至少检查一遍电话号码。对于手写的电话号码，有时手写的数字

会因为书写不规范而让人难以辨认（如"0"书写不规范易与"6"混淆），因此拨打者应进一步确认难以辨认的数字。对于非常用联系人的电话号码，拨打者可以多检查几遍。

二、把握拨打电话的时机

拨打电话的时机不同，达到的沟通效果也不同。拨打者应正确把握拨打电话的时机。

（一）把握拨打公务电话的时机

（1）宜在工作日 9:00—17:00 拨打公务电话。除非有紧急情况，否则拨打者不宜在非工作时间拨打公务电话。

> **指点迷津**
>
> 一般来说，拨打者在工作日拨打电话时，应注意以下事项：
> （1）不宜在刚上班的时间拨打公务电话。许多人上班后的第一件事是梳理当天的计划，在这段时间内不宜打扰他们。
> （2）不宜在 12:00—14:00 拨打公务电话，以免打扰接听者午休。
> （3）不宜在临近下班的时间拨打公务电话。临近下班时，许多人着急处理当天未处理完的工作，此时拨打公务电话很可能得不到满意的答复。

（2）拨打跨国公务电话时，应先了解各地区的时差和各国工作时间的差异，以免影响接听者休息。

（二）把握拨打私人电话的时机

（1）宜在 9:00—21:00 拨打私人电话。除非与接听者特别亲近或有紧急情况，否则拨打者不宜在 9:00 以前和 21:00 以后拨打私人电话。

（2）为了避免影响接听者的正常生活，不宜在用餐时间和午休时间拨打私人电话。

> **见多识广**
>
> ### 电话推销的最佳时机
>
> 星期一是一周的开端。人们在星期一往往面临诸多待处理的事务，如处理周末积压的电子邮件、参加各种会议等，没有空闲时间接听推销电话。因此，销售人员在进行电话推销时应尽量避开星期一。若确实需要在星期一进行电话推销，则应选择在下午拨打电话。
>
> 星期二至星期四被视为进行电话推销的最佳时机。这三天中，工作节奏相对稳定，人们更容易接受新的信息或建议。销售人员若能充分利用这段时间，与客户进行深入沟通，会大大提高电话推销的成功率。可以说，这三天对销售业绩有着重要影响。

到了星期五，一周的工作即将结束，人们忙于总结本周的工作和规划下周的工作，并期待着周末的到来，这可能影响他们对推销电话的接受程度。销售人员若在这一天给客户拨打推销电话，得到的回复很可能是"我们下周再联系"。因此，销售人员不宜在星期五进行电话推销。

三、保持良好的状态

（1）保持情绪稳定。情绪状况会影响通话的效率和结果。拨打者保持情绪稳定，可以更加清晰地表达自己的想法，准确地传递信息，避免因情绪激动说出不当言论，进而影响沟通正常进行。

（2）保持姿态端正。如果拨打者懒散地靠或躺在椅子上通话，声音会显得有气无力，给人一种无精打采的感觉。如果拨打者站姿或坐姿端正（见图5-2），声音会显得清晰、有力，给人一种专业和可靠的感觉。

图 5-2　拨打者坐姿端正

（3）集中注意力。拨打者在通话时应集中注意力，避免同时做其他无关事情。拨打者若在通话时做其他无关事情（如吸烟、进食等），注意力会被分散，导致其无法全神贯注地倾听接听者讲话，而且声音也会产生细微变化，容易被接听者察觉，让接听者觉得自己不被尊重。

四、进行有效沟通

（1）在拨通电话后，拨打者应主动确认接听者的身份，确保自己正在与要找的人通话。

（2）在确认接听者的身份后，拨打者应主动进行自我介绍，如说"您好，我是××公司的项目经理××"。

（3）在进行自我介绍后，拨打者应迅速进入正题，说明拨打电话的目的或事由，如说"我今天打电话来，是想和您讨论一下××项目的进展情况"。

（4）在通话过程中，拨打者应做到以下几点：① 清晰表达，说话时语速适中、吐字清晰，并按一定的逻辑顺序阐述要点，确保接听者理解通话内容；② 有效倾听，给予接听者充足的时间进行表达，并适时通过复述或总结接听者的话来确认自己的理解是否准确；③ 适时互动，通过提问获取反馈，以了解接听者的想法或意见；④ 保持耐心，即使得到负面反馈也不失态，积极引导对话；⑤ 必要时做好笔记，记录关键信息。

指点迷津

当拨打电话联系某人却发现对方不在时，拨打者可以询问接听者何时能够联系到目标通话对象，以便在合适的时间再次拨打电话；还可以留下自己的电话号码，请目标通话对象在方便时回电。

五、控制通话时间

在当今社会，工作和生活节奏加快，大多数人希望能用较短的时间完成通话。拨打者可运用以下技巧控制通话时间：

（1）拨打者应将自我介绍的时间控制在10秒以内，简单地将自身情况介绍清楚即可。

（2）对于一般的日常通话，拨打者应有意识地将通话时间控制在3~5分钟。

（3）如果接听者提及无关话题，拨打者可以委婉地提醒接听者，并将通话引回正题，以缩短通话时间。

（4）如果需要讨论的问题较多或较复杂，拨打者可以提前将相关资料发送给接听者，让接听者提前了解需要沟通的内容，以提高沟通效率。

六、礼貌挂断电话

（1）挂断电话前，拨打者可以通过复述通话要点来暗示接听者通话即将结束，如说"陈教授，那我们这次就说好了，请您下周一来参加我们公司的专家论证会，我让司机于下周一9:30到您家接您"。

（2）拨打者应把握挂断电话的时机。从电话礼仪的角度来说，通话完毕后应由地位高者先挂断电话。如果通话双方地位一样，可以由拨打者先挂断电话。对于销售人员来说，应由客户先挂断电话。

（3）无论是否达到拨打电话的目的，拨打者都应保持礼貌，不能因为情绪问题而突然挂断电话。

同步案例

通过电话推销打印机新品

　　S 公司以生产和销售打印机为主营业务，小章是 S 公司的销售冠军。以下是小章向客户沈先生通过电话推销打印机新品时的通话实录：

　　小章："您好，请问沈先生在吗？"

　　沈先生："我就是，您是哪位？"

　　小章："我是 S 公司销售部的小章。贵公司前年购买了我们公司的打印机，对吗？"

　　沈先生："哦，是的。"

　　小章："目前，这台打印机已经过了保修期。请问，现在打印机的使用情况如何？"

　　沈先生："你们来维修过一次，后来就没出现过问题了。"

　　小章："那就太好了。这个型号的打印机已经停产了，更换配件比较麻烦，所以使用时请尽量按照操作手册操作，以免损坏配件。"

　　沈先生："我们也没有指望用一辈子。不过，我们公司最近业务繁忙，打印机用得比较频繁。如果打印机坏了，该怎么办？"

　　小章："我们还是会上门为您维修的。贵公司每个月的打印量有多少呢？"

　　沈先生："最近打印量迅速增加，有时一个月能超过 10 000 页。"

　　小章："要是这样，我真诚地建议您购买我们的打印机新品，这款新品的推荐打印量是 15 000 页/月。您现在所用打印机的推荐打印量是 10 000 页/月，如果超过了推荐打印量，就会严重影响打印机的使用寿命。"

　　沈先生："看年底的业务量吧。如果业务量还是很大，我考虑一下。"

　　小章："那我加您的微信吧，我的微信号是×××××，麻烦您通过我的好友验证。您是老客户，购买打印机新品可以享受优惠政策。"

　　沈先生："有什么优惠政策？"

　　小章："您购买新品，可以享受 8 折优惠。此外，我们还可以给您赠送墨盒和纸张，主要看您的具体需要。"

　　沈先生："我知道了。有需要的话，我通过微信联系你。"

任务实施

情景模拟——拨打求职电话

【背景材料】

　　小卫是一名即将毕业的大学生，所学专业为市场营销。他从某招聘网站了解到 L 公司正在招聘市场营销专员，该岗位与他的专业背景和职业发展规划高度契合。小卫对该岗位充满兴趣，决定向 L 公司人力资源部的招聘人员赵某拨打求职电话，以进一步了解岗位详情并表达求职意向。

【实施步骤】

（1）学生自由分组，2 人为一组。

（2）各小组分角色进行情景模拟，在情景模拟过程中注意合理运用拨打电话的技巧。

（3）各小组对情景模拟过程进行摄像，并剪辑视频，然后在课堂上展示。

【实施记录】

根据任务实施情况填写表 5-1。

表 5-1 任务实施记录表

班级		组号		指导教师	
小组成员	姓名		学号		任务分工
活动心得					

任务二　熟悉接听电话的技巧

任务导入

小郑面临的职场考验：如何有效地接听电话

总经理秘书小郑刚刚被领导批评，心情不佳。这时，办公桌上的两部电话同时响了起来，小郑拿起其中一部电话的听筒，没好气地说："您好，Q 公司总经理办公室，请讲。"

"我是程晨，请转告刘助理，我明天 9:00 下飞机，让她派车来接我，同时带上编号为 ZL-0785 的那份合同，我要急用。千万别忘了。"电话那头说道。

沟通技巧

另一部电话仍然不停地响。小郑拿起听筒说:"喂?"电话那头回应:"是化工公司吗?我找杨经理。"

"什么化工公司?"小郑问。

"你们是生产肥料的 R 化工公司吗?我找杨经理。"拨打者说。

"我们是 Q 公司,你打错了。"小郑说完,重重地把电话挂断。

过了一会儿,刘助理走过来,问道:"小郑,程总有没有来过电话?"

"他刚刚打过电话。"小郑回答道。

"他说了些什么?"刘助理问道。

"他说让你接机,好像还要带份文件。"

"什么时候去接?带哪份文件?"刘助理又问。

"这个,我记不清了。"小郑红着脸低下了头。

思考:
(1)小郑在接听电话时存在哪些问题?
(2)小郑的故事给你带来了哪些启示?

一、接听电话的一般技巧

(一)迅速、礼貌地接听

电话铃声响一声大约持续 2 秒,响三声大约持续 6 秒,响五声大约持续 10 秒。当电话铃声响起时,接听者最好在 6 秒之内接听电话。一旦电话铃声持续响 10 秒以上,拨打者容易因等待时间过长感到焦虑、急躁。因此,接听者如果未及时接听电话,应礼貌地向拨打者表示歉意,如说"非常抱歉,让您久等了"。如果电话铃声响起许久,接听者接听后只是简单地回复"喂",拨打者可能会认为接听者不礼貌,并因此感到不满。

(二)确认拨打者的身份

接听电话时,接听者应先确认拨打者的身份,以免产生误会。接听者可以通过以下方式来确认拨打者的身份:

(1)如果拨打者没有表明身份,接听者可以主动询问,如说"您好,请问是哪位?"。

(2)如果拨打者已经表明身份,但接听者对对方不太熟悉,可以礼貌地再次确认,如说"好的,是××公司的××先生/女士吗?"。

(3)如果拨打者表示之前联系过,接听者可以主动提及之前的通话内容,以确认拨打者的身份。

同步案例

未确认拨打者身份引起的风波

昨晚老吴丢了手机,这导致他很不高兴。今天,老吴刚刚上班,财务人员就打了几通电话,催老吴重新填写上个月的报销单据,这使老吴心情更加烦躁。

突然,桌上的电话响了。老吴以为财务人员又在催了,一把抓起电话,十分不耐烦地说:"别催了,我会重新填的。别再打电话给我了!"说完,老吴"啪"地挂断了电话。

过了一会儿,电话又响了。旁边的同事帮老吴接听了电话,他脸色大变,说:"老吴,刚才的电话是总经理打来的,他让你现在到他办公室去,他好像很生气……"

(三)认真、详细地记录通话内容

接听电话时是否需要记录通话内容(见图5-3)取决于具体情况。如果接听的是公务电话,并且通话内容涉及业务信息、时间安排等,接听者应认真、详细地记录通话内容;如果接听的是私人电话,接听者可根据自身需要决定是否记录通话内容。

图 5-3 记录通话内容

为了更好地记录通话内容,接听者应做到以下几点:

(1)在接听电话前,准备好纸和笔,确保在通话过程中可随时记录重要信息。

(2)分条记录相关内容,并把重要信息标注出来,以便后续查阅。

(3)如果有未听清楚的内容,应及时询问拨打者。

(4)记录时间、地点、数量等重要信息时,可请拨打者复述一遍,或者自己记完后与拨打者确认,以确保记录的内容准确无误。

(5)如果通话时间较长或通话内容较复杂,可询问拨打者是否同意录音。得到拨打者同意后,接听者可对通话过程进行录音,并在通话结束后根据录音整理和记录通话内容。

 沟通技巧

（四）保持语速适中

接听电话时，接听者应保持语速适中。接听者语速太快，容易让人感觉没有耐心；语速太慢，则容易让人感觉办事拖拉、工作效率低。

接听者可根据拨打者的语速调整自己的语速。如果拨打者语速较快，接听者应以稍快的语速回应，以显示对拨打者所讲内容的关注；如果拨打者语速较慢，接听者应配合拨打者说话的节奏，适当放慢语速。

二、转接和代接电话的技巧

（一）转接电话的技巧

转接电话是指接听者将拨打者的电话转给其他人处理。转接电话常常发生在以下情景中：① 接听者不具备处理拨打者所提问题的能力，需要将来电转接至能够处理相关问题的第三人；② 接听者虽然具备处理拨打者所提问题的能力，但因故无法独自处理或无法及时处理，需要将来电转接至能够处理相关问题的第三人。

转接电话的具体技巧如下：

（1）接听者应询问拨打者的身份和来电目的，以便准确转接。

（2）接听者应保持态度热情，尽力帮助拨打者解决问题，不能因为处理拨打者所提问题不属于自己的职责而推卸责任。

（3）在转接电话前，接听者应确认转接对象在岗。

（4）在转接成功后，接听者应告知拨打者，并请其稍等片刻。如果未转接成功，接听者应询问拨打者是否需要留言或建议其在某段时间再次拨打电话。

有效转接电话示范

 课堂互动

讨论在以下情景中，接听者应怎么做：

（1）某软件公司的客户打电话说："您好，我购买了你们公司的办公软件，现在无法登录，该怎么解决呢？"接听者是该软件公司的销售人员小孙。

（2）某患者的家属打电话说："我父亲患了××病，前段时间在你们医院住院治疗。我想咨询一下我父亲的住院费用是怎么算的。"接听者是护士小李。

（二）代接电话的技巧

如果拨打者想打电话给某人，但对方正巧不在电话旁边，就需要第三人代接电话。代接电话的具体技巧如下：

（1）接听者应及时告知拨打者目标通话对象不在，并表明自己的身份，不应在拨打者传达大量信息后才澄清身份。同时，接听者不应随意透露目标通话对象的信息，也不应过多询问拨打者的私人情况。

（2）如果拨打者要求目标通话对象回电，接听者应记录拨打者的姓名、电话号码和来电原因。如果拨打者要求接听者传递信息，接听者应准确、详细地记录相关信息，特别是时间、数量、人名、地点、原因等重要信息。

（3）如遇紧急情况，接听者可直接帮助拨打者联系目标通话对象或向拨打者说明如何尽快与目标通话对象取得联系。例如，当目标通话对象在开会或会客时，接听者可使用卡片、纸条等向目标通话对象传递信息。

（4）当目标通话对象回来时，接听者应第一时间告知其通话内容，但不应大声喊叫，以免其他人知晓通话内容。

同步案例

小方代接王主管的电话

电话铃声响起，小方迅速拿起听筒，说道："您好，这里是F商贸公司，我是采购助理小方。"

拨打者问："你们公司采购部王主管在吗？"

小方回答道："不好意思，王主管现在不在办公室。请问您怎么称呼？"

拨打者说："我姓叶，是你们公司的供应商。我有些事情需要咨询王主管，他什么时候回来？"

小方解释道："不好意思，他在短时间内回不来。您如果方便的话，可以留下您的电话号码和想咨询的事情。王主管回来后，我会将您的来电信息告知他，并请他第一时间给您回电。"

拨打者表示同意："好吧。我想问问关于他上次提到的那批货，你们公司能给出的最高采购价格。我的手机号是×××××××××××。"

小方继续询问："方便留下您的全名吗？"

拨打者回答道："我叫叶××。"

小方一边记录信息，一边说："叶女士，您的信息我已经记录下来了，我会告知王主管及时给您回电。请问您还有其他事情需要我转达吗？"

拨打者说："没有了。"

小方说："谢谢您的来电，再见！"

 沟通技巧

三、处理特殊电话的技巧

（一）接到打错电话的处理技巧

当接到打错的电话时，接听者切勿直接粗暴地挂断电话，以免让误打电话的人感到不悦。接听者可以礼貌地说："您好，您可能打错电话了，这里没有您要找的人。"告知拨打者后，接听者可以稍等一会儿，让拨打者有时间反应，再挂断电话。

当接到打错的公务电话时，接听者应保持礼貌、友好的态度，以展示公司的正面形象；还可以适当提及公司的产品或服务，如说"我们虽然不是您要找的公司，但也提供类似的产品。如果您感兴趣的话，我可以向您简单介绍一下"，以便为公司挖掘潜在的商业机会。

（二）接到难以及时回答的电话的处理技巧

在接听电话时，接听者由于各种情况，可能难以立即回答对方的问题。在这种情况下，接听者不要给予肯定或否定的答复，可以参考以下话术：

（1）"非常抱歉，我现在有急事要处理，不方便接电话。"

（2）"对不起，我正在开会/开车/处理紧急事务，稍后给您回电。"

（3）"我现在不太方便接电话，您可以通过短信或电子邮件联系我吗？"

（4）"这件事很重要，我得和上级商量。稍后给您回电，好吗？"

（5）"对于您说的事情，有些细节我不太清楚，我先去了解一下，稍后给您回电。"

（三）同时接到多个电话的处理技巧

（1）分清来电的轻重缓急，优先接听紧急且重要的电话。接听者可以查看来电显示，判断拨打者的身份，快速决定应优先接听哪个电话。一般来说，上级和下级同时来电，应优先接听上级的电话；预约的电话和陌生电话同时响起，应优先接听预约的电话；上班时间，公务电话和私人电话同时响起，应优先接听公务电话。

（2）避免同时接听多个电话。当同时接听多个电话时，接听者需要不停地在几个电话之间来回转换，不仅容易使自己应接不暇，导致无法顺利完成通话，还可能使拨打者听到接听者与其他通话对象之间的只言片语，造成泄密。若在接听电话期间其他电话响起，可以请当前通话对象稍等，接通正在响铃的电话后告知其拨打者稍后再联系；若几个电话同时响起，可以请别人代接，避免让其他电话的铃声干扰到正在进行的通话。

任务实施

情景模拟——代总经理接听电话

【背景材料】

小陶是某电子商务公司总经理的秘书,他每天都会代总经理接听电话。周三下午,小陶接到了以下电话:

(1)体检中心的医生打电话,说总经理的体检报告出来了。

(2)公司的大客户打电话,询问续签合同能否给予优惠。

【实施步骤】

(1)学生自由分组,4~6人为一组,并选出一名组长。

(2)各小组根据上述两种沟通情景,分角色模拟小陶代接电话时的情景,在情景模拟过程中注意合理运用接听电话的技巧。

(3)各小组对情景模拟过程进行摄像,并剪辑视频,然后在课堂上进行展示。

【实施记录】

根据任务实施情况填写表 5-2。

表 5-2 任务实施记录表

班级			组号		指导教师	
小组成员	姓名		学号		任务分工	
活动心得						

 沟通技巧

学习成果自测

1. 填空题

（1）从电话礼仪的角度来说，通话完毕后应由_____先挂断电话。如果通话双方地位一样，可以由拨打者先挂断电话。

（2）当电话铃声响起时，接听者最好在_____秒之内接听电话。

（3）如果接听的是_____，接听者可根据自身需要决定是否记录通话内容。

2. 单项选择题

（1）下列情景中，拨打电话的时机恰当的是（　　）。

　　A．在周六 16:00 拨打电话与同事讨论项目细节

　　B．在周三 10:30 拨打电话与合作伙伴商讨合作方案

　　C．在周四 22:00 拨打电话邀请朋友参加聚会

　　D．在周五 19:30 拨打电话向供应商查询订单状态

（2）拨打电话时的正确状态是（　　）。

　　A．平躺在床上

　　B．边吃饭边打电话

　　C．坐着，背部挺直

　　D．站着，不断摇头晃脑

（3）下列关于拨打电话的技巧的说法，正确的是（　　）。

　　A．拨打者在拨通电话后，应立即说明拨打电话的目的

　　B．拨打者在进行自我介绍后，应迅速进入正题

　　C．拨打者在得到接听者的负面反馈后，情绪激动，口出恶言

　　D．拨打者为了控制通话时间，用很快的语速回答接听者提出的问题

（4）小朱是一名客服人员，面对客户打来的投诉电话，小朱并不清楚具体情况，此时小朱不应该说（　　）。

　　A．“您好，非常感谢您的反馈，请您先描述一下遇到的问题”

　　B．“您好，我先帮您查询具体情况，稍后给您回电”

　　C．“您好，我会尽快帮您解决问题”

　　D．“您好，肯定是我们的错误导致了这个问题，我们会马上改正”

3．多项选择题

（1）下列情景中，接听者需要记录通话内容的有（　　）。

    A．项目经理小邹接听合作伙伴的电话，通话内容涉及项目的重大进展

    B．行政人员小金接听朋友的电话，朋友询问小金明天是否有空聚餐

    C．总经理秘书小蔡接听总经理的电话，总经理要求小蔡安排会议

    D．技术人员小付接听家人的电话，与家人聊家常

（2）下列关于转接电话的说法，正确的有（　　）。

    A．接听者不具备处理拨打者所提问题的能力时，可以将电话转接至其他人

    B．即使接听者具备处理拨打者所提问题的能力，也可能将电话转接给其他人

    C．在转接电话前，接听者只需要了解拨打者的身份，不需要了解拨打者的来电目的

    D．如果转接不成功，接听者应立即挂断电话

（3）下列关于代接电话的说法，不正确的有（　　）。

    A．接听者应在拨打者传达大量信息后再澄清自己的身份

    B．接听者不应随意透露目标通话对象的信息

    C．接听者应多询问拨打者的私人情况

    D．当目标通话对象回来时，接听者应大声告知其通话内容

（4）当接听者同时接到多个电话时，正确的做法有（　　）。

    A．接听者应按照来电顺序逐一处理电话

    B．接听者可以查看来电显示，判断拨打者的身份，快速决定应优先接听哪个电话

    C．接听者应先接听紧急且重要的电话

    D．接听者应放任其他电话的铃声一直响

4．简答题

（1）拨打电话前，拨打者应做好哪些准备？

（2）简述控制通话时间的技巧。

（3）简述接听电话的一般技巧。

 沟通技巧

学习成果评价

请进行学习成果评价,并将评价结果填入表 5-3 中。

表 5-3 学习成果评价表

班级		指导教师		日期	
姓名		学号			
项目名称		电话沟通技巧			
评价项目	评价内容		分值	自我评分	教师评分
知识（40%）	拨打电话的技巧		20		
	接听电话的一般技巧		10		
	转接和代接电话的技巧		5		
	处理特殊电话的技巧		5		
技能（40%）	能够根据沟通情景恰当地拨打电话		20		
	能够根据沟通情景恰当地接听电话		20		
素养（20%）	具备良好的学习态度，积极参与实践活动		5		
	具备良好的团队精神和团队协作能力		5		
	增强未雨绸缪的意识,成为有责任心的社会主义建设者和接班人		5		
	灵活应对电话沟通中的各种状况,牢固树立变通思维		5		
合计			100		
总分（自我评分×40%+教师评分×60%）					
自我评价					
教师评价					

项目六 网络沟通技巧

项目导读

信息技术的发展极大地改变了人们的沟通方式,让人们可以使用电子邮件、即时通信软件、论坛、微博、短视频平台等网络沟通工具随时随地与他人沟通。要想在虚拟的网络世界中有效传递信息、沟通思想、交流情感,除了要熟练使用网络沟通工具外,还要合理运用网络沟通技巧。

学习目标

知识目标

- 了解网络沟通工具。
- 了解网络沟通的优缺点。
- 熟悉电子邮件沟通技巧。
- 熟悉即时通信软件沟通技巧。

素质目标

- 学习分辨虚假网络信息,培养批判性思维。
- 在网络沟通中理性表达个人观点,尊重他人,共建文明、和谐的网络沟通环境。

 沟通技巧

任务一　了解网络沟通

 任务导入

网络沟通架起生命的桥梁

某日，一位怀孕八个月的孕妇焦某因为严重贫血，急需 Rh 阴性 O 型血用于输血救治。但 Rh 阴性 O 型血是罕见的"熊猫血"，医院血液中心库存量有限，无法满足需求。焦某的家人非常着急，无奈之下只得在微博上发布求助信息。该信息很快引发了网友们的关注，大家纷纷转发，并留言祝福焦某。

不久后，焦某的家人收到了多位爱心人士的微博私信，他们表示可以给焦某献血。经过医院的检测和筛选，几位符合条件的爱心人士最终被确定为献血者。由于及时接受了输血治疗，焦某的身体状况逐渐好转，胎儿也安然无恙。

思考：
（1）什么是网络沟通？网络沟通工具有哪些？
（2）网络沟通有哪些优缺点？

网络沟通是指通过计算机网络传递信息、沟通思想、交流情感的沟通方式。网络沟通借助各种网络沟通工具，使人们能够在任何时间、任何地点进行实时交流。随着社会的进步和技术的发展，网络沟通已成为人们日常生活和工作中不可或缺的一部分。

一、网络沟通工具

网络沟通工具主要包括电子邮件、即时通信软件、论坛、微博和短视频平台。

（一）电子邮件

用户可以使用电子邮件向他人传递文本、图片、视频等信息。使用电子邮件进行网络沟通时，用户应事先申请并注册电子邮箱，用于发送或接收电子邮件（见图 6-1）。传递的信息存放在用户的电子邮箱内，供用户进行查看、下载附件或删除等操作。

电子邮件沟通具有成本低、私密性好、不受时空限制、能够实现一对多的信息传递等优点，因此广泛应用于各种生活和工作情景中。

项目六　网络沟通技巧

图 6-1　接收电子邮件

（二）即时通信软件

用户可以使用即时通信软件（如 QQ、微信等）发送和接收语音、视频、图片、文字等信息，或进行语音和视频通话。根据第 53 次《中国互联网络发展状况统计报告》的相关数据，截至 2023 年 12 月，我国即时通信用户规模达 10.6 亿人，占网民整体的 97%。

如今，即时通信软件不再是单纯的网络沟通工具，而是成了集交流、搜索、娱乐、协同办公和客户服务等功能为一体的综合化信息平台。

QQ 和微信的区别

QQ 和微信是我国网民常用的两款即时通信软件。这两款软件在以下几个方面存在区别。

1．设计理念

QQ 在设计上更加注重个性化，提供了多种聊天设置选项，用户可以根据自身需要设置不同样式的聊天框、聊天字体等，使得使用 QQ 聊天的体验更加丰富。而微信在设计上更加强调简洁和实用，没有提供太多个性化聊天设置选项。

2．附加功能

QQ 除了聊天功能外，还具有文件共享、网络硬盘、电子邮箱等附加功能。微信除了聊天功能外，还具有朋友圈、公众平台等附加功能。

3．用户群体

QQ 的用户群体主要是青少年，这部分用户通常对 QQ 的娱乐功能和个性化聊天设置选项等有较高的兴趣。微信的用户群体覆盖了各个年龄段，其中中老年用户占比较大。

（三）论坛

论坛是指可供用户围绕特定主题进行多对多沟通的网络交流平台。用户在论坛上发布

121

沟通技巧

主题帖子后，其他用户可以通过回复的方式对主题帖子进行补充、解释、评价或提问。通过不断发布和回复帖子，用户可以在论坛上围绕多个主题展开深入沟通。

（四）微博

微博是分享即时短篇文本、图片、视频和网络链接等信息的网络传播平台，如新浪微博（见图 6-2）。微博提供了评论、点赞、转发、发私信等多种互动方式，使用户能够与他人进行即时沟通。例如，用户可以评论他人发布的微博信息，与他人交流看法；点赞他人发布的微博信息，表示对内容的认同；转发他人发布的微博信息，将有趣或有价值的内容分享给更多的人。

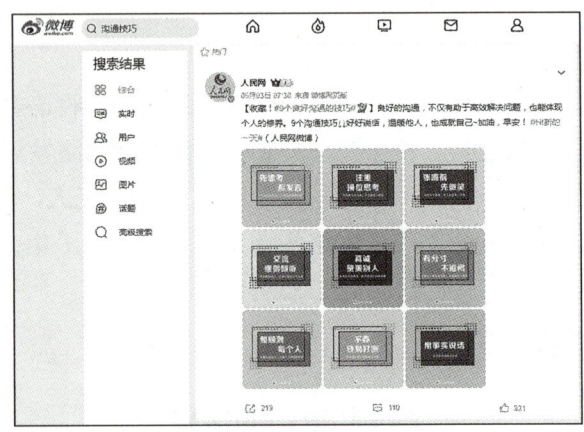

图 6-2　新浪微博

> **课堂互动**
>
> 你使用过微博吗？如果使用过，你最常用的微博功能是什么？

（五）短视频平台

短视频一般是指时长在几分钟甚至 1 分钟以内的视频。相较于传统的图文形式，短视频声画同步，信息承载量大，能够满足人们利用碎片化的时间快速获取信息的需要。

在短视频平台（如抖音、快手等）上，用户可以通过制作和发布短视频来分享经验、传递知识、展示才华，也可以通过评论和转发其他用户的短视频来与他人沟通。

二、网络沟通的优缺点

网络沟通深刻影响了人们的日常生活，丰富了人们的沟通体验。了解网络沟通的优缺点，能够帮助人们更好地进行网络沟通。

（一）网络沟通的优点

（1）网络沟通突破了时间和空间的限制，使沟通更加便捷。无论何时何地，只要能连接上网络，人们就能随时与他人沟通。

（2）在网络沟通中，人们可以发送文字、图片、语音、视频等信息，让沟通更加有趣。例如，人们使用即时通信软件聊天时，可以互相发送表情包（见图6-3），从而增强沟通的趣味性。

图6-3　表情包

> **指点迷津**
>
> 表情包是指网络沟通中用于表达心情、情绪与态度的图片或动画。它主要由图形、漫画、真实人像、自然景色等构成，还可以辅以文字。

（3）多样化的网络沟通工具为人们提供了更多的沟通机会，让人们可以更广泛地结交朋友、分享生活、交流观点。

（4）在网络沟通中，电子邮件、聊天记录、主题帖子、评论等信息都可以被保存下来，用户可以利用网络沟通工具的搜索功能快速查找所需信息，使得沟通的透明度和信息管理效率较高。

（二）网络沟通的缺点

（1）网络信息十分繁杂，其中不乏虚假或具有误导性的信息，人们在进行网络沟通时容易受到这些信息的干扰。

（2）在网络沟通中，用户的个人信息、聊天记录等容易被泄露，会给用户带来一定的隐私安全风险。

网络沟通注意事项

（3）在大多数情形下，网络沟通中缺乏面部表情、身体动作、身体姿势等体态语言，难以表达信息发出者的意图和情感，可能会导致对方误解。

（4）由于信号不稳定、技术故障等，网络沟通中有时会出现信息发送延迟或网络中断等问题，影响沟通体验和沟通效果。

任务实施

搜集并分析案例

【实施步骤】

（1）学生自由分组，4～6人为一组，并选出一名组长。

（2）各小组至少搜集三个网络沟通案例，并分析这些案例涉及了哪些网络沟通工具，体现了网络沟通的哪些优缺点，带来了哪些启示。

 沟通技巧

（3）小组成员整理所搜集的资料和分析结果，并制作 PPT。
（4）组长在课堂上展示本小组制作的 PPT，指导教师进行点评。

【实施记录】
根据任务实施情况填写表 6-1。

表 6-1　任务实施记录表

班级		组号		指导教师	
小组成员	姓名		学号	任务分工	
案例要点					
分析结果					
活动心得					

项目六　网络沟通技巧

 熟悉电子邮件和即时通信软件沟通技巧

 任务导入

网络时代的班主任，是教师也是网友

新学年第一天，班主任袁老师的一番话让学生颇感惊奇："为了更加便捷地与大家沟通，我特意申请了一个电子邮箱。这个邮箱是我倾听你们和家长心声的窗口。请你们将此邮箱告知家长，让他们直接通过电子邮件与我联系。"

让袁老师兴奋的是，他得到了积极回应，已有多位学生家长给他发来了电子邮件。"是否需要在假期给孩子全面补习数理化？"一位与孩子意见产生分歧的家长，在寒假期间给袁老师发来电子邮件征求意见。还有一位不知怎样教育自己孩子的家长发来电子邮件，希望袁老师介绍一些有效的教育方法。袁老师一一给出了有针对性的回复。

袁老师还注册了一个QQ号，用户名为"袁来如此"，个性签名为"用智慧点亮未来"。他不仅通过QQ解答学生的学业问题，还时常在QQ空间中分享一些生活哲理和人生经验。而学生也愿意通过QQ将自己的心事告诉袁老师，寻求他的指导。在与学生聊天时，袁老师经常使用各种有趣且富有表现力的表情包，有时是憨态可掬的熊猫、活泼可爱的小猫等卡通形象，有时是生动形象的"大笑""大哭""皱眉"等表情符号。

登录电子邮箱看看有没有学生或家长发来的电子邮件，用QQ和学生聊天，已成为袁老师每天必做的工作。如今，袁老师不仅是一位向学生传授知识的教师，还和学生、家长成了网友，进一步拉近了师生间和家校间的距离。

思考：

袁老师在进行网络沟通时，运用了哪些技巧？

一、电子邮件沟通技巧

在进行职场沟通或学术沟通时，经常需要使用电子邮件。下面介绍电子邮件沟通技巧。

（一）合理选择电子邮箱

应优先使用公司或学校提供的电子邮箱，以提高电子邮件的可信度和专业性，并增加电子邮件被打开和回复的机会。

 沟通技巧

（二）合理设置发件人名称

不能为了彰显个性而随意设置发件人名称，宜将个人的姓名作为发件人名称，以便收件人准确地识别发件人。如果需要，还可以在姓名后加上职位，如"张三总经理"或"李四项目经理"，以显示发件人的身份。

（三）拟定合适的电子邮件主题

电子邮件主题应既能概括电子邮件的主要内容，又能方便日后查找电子邮件。在拟定电子邮件主题时，应做到以下几点：

（1）使用言简意赅且能概括主要沟通内容的主题，如"关于××项目的进度更新""邀请您参加××活动""张三对××提案的反馈""××部门××月销售工作报告"。同时，避免将邮件主题当作邮件内容来写，如将主题写成"总经理，您好！我会按时完成您交代的任务，准时汇报"。

（2）避免使用指代不清、没有实际意义的主题，如"请看一下""重要事项"。

（四）规范撰写电子邮件正文

一般来说，电子邮件正文的内容依次为称呼、问候语、自我介绍、核心内容和结尾。

1. 撰写称呼和问候语

在撰写电子邮件正文时，应在首行称呼收件人，称呼方式取决于收件人的身份。例如，当收件人是学校的工作人员时，使用"××老师"作为称呼比较恰当。在不知道收件人详细身份的情况下，可笼统地使用"××先生"或"××女士"作为称呼。

在称呼之后，应另起一行写问候语，以表示友好和礼貌。常见的问候语包括"您好""早上好""下午好"等。

2. 撰写自我介绍

如果是第一次和收件人沟通，应介绍自己的基本信息，最好能说明自己是如何认识收件人的。例如，一名学生在向某教师发电子邮件时，在进行自我介绍之后，可加上"在××××年度第二学期，我有幸上过您的××课程""我阅读了您在××刊物上发表的××文章，深受启发"等。

3. 撰写核心内容

在撰写电子邮件正文的核心内容时，应做到以下几点：

（1）确保内容条理清晰、结构合理。

（2）尽量精简信息，使收件人能够迅速把握核心内容。

（3）使用简单易读的字体，避免在一封电子邮件中使用多种不同颜色或者不同样式的字体。

（4）如果电子邮件中上传了附件（见图6-4），应在正文中明确提及，如写"附件中名为'×××'的表格是关于×××的参考资料，请查收"。

图 6-4 附件

指点迷津

附件是指附在电子邮件中的文件,用于补充正文内容,其形式包括图片、文档、音频、视频等。不同的电子邮件服务系统允许用户发送的附件数量和大小不同。

4. 撰写结尾

首先,如果发件人希望收件人看完电子邮件后做出某种回应,应在结尾处说明,如写"恳请您在百忙之中提出指导意见,期待您的回复""感谢您的耐心阅读,如有任何意见和建议,请与我联系"等。

其次,应写上简短的祝福语。例如,公司之间可写"顺祝商祺",朋友之间可写"祝您工作顺利,生活愉快""祝您一切顺利"等。

最后,可在电子邮件的末尾附上姓名和其他联系方式,以便收件人在需要时能够迅速与发件人取得联系。

同步案例

G 公司的面试邀请邮件正文

尊敬的××女士:

您好!

我是G公司人力资源部招聘主管陈××,您在招聘会现场展现出来的能力给我司留下了良好的印象。现邀请您于××××年6月28日10:00到上海市××区××路××号G公司参加面试,面试岗位为咨询顾问。

为了提高面试的质量与效率,请您在参加面试前,抽空浏览我司的官方网站,深入了解公司情况。此外,请您携带一份纸质版个人简历,并梳理自身的个人经历,以便在面试中能够充分展现您的学识和经验。

如果您确认参加面试,请收到邮件后回复确认。我代表G公司热诚地欢迎您来参加面试,预祝您面试成功!

联系人:陈××

联系地址:上海市××区××路××号G公司

联系电话:021-××××××××

公司网址:×××××××

（五）及时回复新邮件

应定期查看电子邮箱，及时回复新邮件。一般来说，应尽可能在收到电子邮件后的 24 小时内回复发件人。如果不能及时解决发件人关心的问题，收件人可发送一封简短的确认邮件，告知发件人已经收到邮件，并且正在处理相关事项。

回复电子邮件的注意事项

二、即时通信软件沟通技巧

与电子邮件相比，即时通信软件的互动性更强。在快节奏的现代生活中，即时通信软件已成为人们日常沟通的重要工具。为了更有效地使用即时通信软件进行沟通，应合理运用以下沟通技巧。

（一）合理设置用户名和个性签名

使用即时通信软件沟通时，合理设置用户名和个性签名有助于提升个人形象和沟通效果。

1. 合理设置用户名

设置即时通信软件的用户名时，应做到以下几点：

（1）根据沟通情景设置用户名。在工作中，可使用包含姓名、职位或公司名的用户名，以展现专业形象；在生活中，可使用个性化的用户名。

（2）使用简短且易于记忆的用户名，避免使用过长或难以记忆的用户名。

（3）不使用包含个人隐私信息（如出生年月、电话号码、住址等）的用户名，不使用违背法律规范和社会公德的用户名。

> **指点迷津**
>
> 根据《互联网用户账号名称管理规定》第六条的规定，任何机构或个人注册和使用的互联网用户账号名称，不得有下列情形：① 违反宪法或法律法规规定的；② 危害国家安全，泄露国家秘密，颠覆国家政权，破坏国家统一的；③ 损害国家荣誉和利益的，损害公共利益的；④ 煽动民族仇恨、民族歧视，破坏民族团结的；⑤ 破坏国家宗教政策，宣扬邪教和封建迷信的；⑥ 散布谣言，扰乱社会秩序，破坏社会稳定的；⑦ 散布淫秽、色情、赌博、暴力、凶杀、恐怖或者教唆犯罪的；⑧ 侮辱或者诽谤他人，侵害他人合法权益的；⑨ 含有法律、行政法规禁止的其他内容的。

2. 合理设置个性签名

设置即时通信软件的个性签名时，应做到以下几点：

（1）可将个人的座右铭、职业理念或兴趣爱好等作为个性签名。例如，销售人员可设置"客户至上"这样的个性签名。

（2）使用积极向上的个性签名，以便给他人留下良好的印象。

（3）不使用包含个人隐私信息的个性签名，不使用违背法律规范和社会公德的个性签名。

> **课堂互动**
>
> 你的微信、QQ 用户名和个性签名符合上述要求吗？

（二）把握回复的时机

（1）优先回复紧急且重要的消息。紧急且重要的消息可能涉及重要工作安排、重要决策或突发状况等，需要及时回复，以确保事情得到及时处理。

（2）尽快回复同事和客户的消息。在工作中，快速回复同事和客户的消息，能够体现出自身的专业性和敬业精神。如果无法立即回应同事和客户关心的问题，可以先简短地告知对方自己正在处理其他事情，稍后会尽快回复。

（3）在回复朋友的闲聊消息时，可以根据自己的空闲时间和与对方的亲密程度来灵活把握回复的时机。但需要注意的是，回复过迟可能会让对方感到被忽视或不被尊重。如果出现某些情况导致回复消息过迟，应在回复时向对方解释原因，以免对方感到不满。

> **课堂互动**
>
> 在以下消息中，柏经理应先回复哪条消息，后回复哪条消息？
>
> （1）柏经理，忙吗？有事麻烦您一下。我们公司计划下个月中旬出版新书，想约您写一段推荐词。
>
> （2）柏经理，下周在上海召开的行业会议，您去参加吗？现在要准备订机票了。
>
> （3）柏经理，下午两点我们开个视频会议。

（三）合理选择消息形式

（1）与家人、朋友沟通时，可以发送文字消息、语音消息或视频消息。

（2）与同事、客户沟通时，应优先发送文字消息，尽量不发送语音消息或视频消息。如果一定要发送语音消息或视频消息，应事先征求对方的意见或先解释原因，如说"我们用语音消息沟通，可以吗？我现在正在走路，不方便打字"。此外，在发送语音消息或视频消息时，一定要理清说话思路，做到言简意赅，避免经常重复一句话或多次出现"嗯""啊"之类的语气词。

沟通技巧

（四）恰当用词

使用即时通信软件沟通时，用词会直接影响沟通效果和沟通双方的感受。下面介绍用词技巧。

（1）根据对方的身份用词。例如，在与上级或客户沟通时，应使用更加正式、礼貌的言辞，不应使用显得冷淡、敷衍的言辞。

（2）根据对方的用词习惯调整语言表达方式。在沟通过程中，应留意对方的用词习惯，并根据对方的用词习惯调整自己的语言表达方式，以拉近双方的距离。

（3）确保言辞表意明确。使用即时通信软件沟通时，沟通双方难以看到彼此的面部表情、身体动作等，可能会影响信息的准确传达。为了避免产生误解，可以使用明确、具体、带有感情色彩的言辞来表达感受和态度，如使用"我很高兴听到这个消息"来表达喜悦之情。

（五）合理使用表情包

许多人使用即时通信软件沟通时会使用表情包，合适的表情包确实能让沟通更顺畅和高效。使用表情包时，应做到以下几点：

（1）理解表情包的真实含义，用对表情包。例如，表达高兴情绪时，使用"笑脸"表情包；表达难过情绪时，使用"哭脸"表情包。

（2）根据沟通情景使用表情包。在工作中，应尽量使用简单易懂的表情包；在生活中，则可以使用幽默、有趣的表情包。

（3）根据沟通对象使用表情包。年轻人和老年人、男性和女性对表情包的接受程度不同。使用表情包时，应考虑沟通对象的年龄和性别。例如，在与老年人沟通时，应使用简单易懂、含义明确的表情包，避免使用隐含网络文化的表情包，以免他们对所传递的信息产生误解。

（4）适量使用表情包。在日常沟通中，适量使用表情包可以增强交流的趣味性，帮助人们更好地表达情绪和态度，使得沟通氛围更加和谐；在职场沟通和学术沟通中，可以使用少量表情包来活跃氛围，但需注意不要影响沟通的专业性。

（5）不使用恶俗的表情包，以免冒犯对方，破坏沟通氛围和人际关系。

同步案例

"表情包达人"小马

小马是一名项目经理，也是一名"表情包达人"。他能根据沟通情景，给不同的人发送不同的表情包，以营造良好的沟通氛围。

有一天，小马需要跟进一个紧急项目的进展情况。他打开微信，给设计师小何发送了一条消息："小何，设计方案改得如何了？"紧接着，他发送了一个"加油"表情包，

鼓励小何尽快完成任务。

在生活中，小马同样会巧妙地使用表情包来与家人沟通。当母亲在微信上询问他最近工作如何时，小马会发送"微笑""送花"等表情包，既表示自己状态良好，又表示对母亲的感激；当父亲在家庭群里分享关于健康养生的文章时，小马会发送"点赞"表情包，表示对父亲所分享内容的认可；当弟弟在家庭群里分享自己在学校取得的好成绩时，小马会发送"鼓掌""得意"等表情包，表示自己为弟弟感到骄傲和高兴。

任务实施

发送催款邮件

【背景材料】

智慧科技公司以软件开发为主营业务，与蓝图发展公司签订了一份软件开发合同，并约定于20××年7月底由蓝图发展公司向智慧科技公司支付软件开发费用。然而，约定的付款日期已过，智慧科技公司仍未收到蓝图发展公司的钱款。假设你是智慧科技公司的财务主管彭某，你准备向蓝图发展公司的财务主管潘某发送催款邮件，以催促对方及时付款。

【实施步骤】

（1）学生使用自己的电子邮箱，撰写催款邮件，注意合理运用电子邮件沟通技巧。

（2）学生将邮件发送至指导教师的邮箱。

（3）指导教师进行点评。

【实施记录】

根据任务实施情况填写表6-2。

表6-2 任务实施记录表

班级		姓名		指导教师	
邮件主题					
正文内容					

学习成果自测

1. 填空题

（1）网络沟通是指通过＿＿＿＿＿＿传递信息、沟通思想、交流情感的沟通方式。

（2）＿＿＿＿＿＿是指可供用户围绕特定主题进行多对多沟通的网络交流平台。

（3）电子邮件正文的内容依次为称呼、问候语、＿＿＿＿＿＿、＿＿＿＿＿＿和结尾。

（4）使用即时通信软件沟通时，合理设置＿＿＿＿＿＿和＿＿＿＿＿＿有助于提升个人形象和沟通效果。

2. 单项选择题

（1）下列选项中，不属于网络沟通工具的是（　　）。

　　A．电子邮件　　　　　　　　B．微博

　　C．书信　　　　　　　　　　D．短视频平台

（2）下列关于电子邮件沟通技巧的说法，正确的是（　　）。

　　A．在进行职场沟通或学术沟通时，应优先使用私人邮箱

　　B．可以为了彰显个性而随意设置发件人名称

　　C．发件人名称可以包含职位

　　D．使用电子邮件进行职场沟通时，应使用昵称或别名作为发件人名称，以便收件人更容易记住发件人

（3）下列关于撰写电子邮件正文的说法，正确的是（　　）。

　　A．应先撰写自我介绍，然后撰写称呼和问候语

　　B．如果电子邮件中上传了附件，应在正文中明确提及附件

　　C．在撰写电子邮件正文的核心内容时，可使用多种颜色和多种样式的字体，以吸引收件人的注意力

　　D．收件人应尽可能在收到电子邮件后的 72 小时内回复发件人

（4）小秦是某银行的客户经理，下列选项中，（　　）不适合作为其微信的个性签名。

　　A．"真诚待人，专业服务"

　　B．"热爱音乐，享受生活"

　　C．"挑战自我，不断前行"

　　D．"一着不慎，满盘皆输"

3．多项选择题

（1）小金是东风旅行社的导游，下列选项中，适合作为其QQ用户名的有（　　）。

  A．东风旅行社金导

  B．小金19911205

  C．金导伴你快乐旅行

  D．旅行金哥

（2）下列选项中，适合作为电子邮件主题的有（　　）。

  A．"请您务必打开"

  B．"关于员工培训计划调整的通知"

  C．"销售部2024年第二季度业绩报告"

  D．"刘经理，早上好，这是您要的客户资料，一共有50人"

（3）以下是客服人员小周使用即时通信软件沟通时的行为，其中恰当的有（　　）。

  A．当小周收到上级布置任务的消息时，他回复"收到，我会尽快处理并向您反馈"

  B．小周在与一个幽默的客户沟通时，使用了比较幽默的言辞，让客户感到轻松愉快

  C．小周在与朋友闲聊时，过了几个小时才回复消息，而且没有解释原因

  D．小周因为临时有事无法回应同事关心的问题，于是先简单地告知同事自己正在处理其他事情，稍后会尽快回复

（4）下列关于即时通信软件沟通技巧的说法，正确的有（　　）。

  A．向同事、客户发送语音消息时，应事先征求对方的意见

  B．应根据对方的用词习惯调整语言表达方式

  C．在任何情况下，都不应使用幽默的表情包

  D．向同事、客户发送语音消息时，应做到言简意赅

4．简答题

（1）简述网络沟通的优点。

（2）简述网络沟通的缺点。

（3）使用电子邮件沟通时，如何拟定合适的电子邮件主题？

（4）使用即时通信软件沟通时，如何做到恰当用词？

学习成果评价

请进行学习成果评价,并将评价结果填入表 6-3 中。

表 6-3 学习成果评价表

班级		指导教师		日期	
姓名		学号			
项目名称		网络沟通技巧			
评价项目	评价内容		分值	自我评分	教师评分
知识 (40%)	网络沟通工具		8		
	网络沟通的优缺点		8		
	电子邮件沟通技巧		12		
	即时通信软件沟通技巧		12		
技能 (40%)	能够合理运用电子邮件沟通技巧,与他人恰当地沟通		20		
	能够合理运用即时通信软件沟通技巧,与他人恰当地沟通		20		
素养 (20%)	具备良好的学习态度,积极参与实践活动		5		
	具备良好的团队精神和团队协作能力		5		
	培养批判性思维		5		
	理性表达个人观点,尊重他人,共建文明、和谐的网络沟通环境		5		
合计			100		
总分(自我评分×40%+教师评分×60%)					
自我评价					
教师评价					

项目七

书面沟通技巧

  项目导读

需要进行书面沟通的场合很多：求职时需要撰写求职信和简历，工作中需要撰写工作计划和工作报告，举办婚礼时需要撰写邀请函……与口头沟通相比，书面沟通在格式、语言等方面要求更严格，需要人们遵循一定的标准和掌握一定的技巧。通过合理运用书面沟通技巧，人们能够更准确地传递信息，与他人进行深层次交流，从而促进个人成长和事业发展。

 学习目标

知识目标

- 了解书面沟通的优缺点。
- 了解书面沟通的流程。
- 了解沟通文书的类型。
- 熟悉计划、工作报告和通知的写作技巧。
- 熟悉求职信和简历的写作技巧。

素质目标

- 增强诚信意识，在书面沟通中以诚为本，坚守道德底线。
- 提高自我认知水平，合理进行自我评价，建立健康、积极的自我形象。

 沟通技巧

任务一　了解书面沟通

 任务导入

曹操与孙权之间的书信往来

在古代，交战双方往往难以进行面对面沟通，于是书面沟通便成了重要的沟通方式。曹操与孙权，这两位三国时期的领袖，就曾通过书信沟通。

第一封信：曹操写给孙权的恐吓信

公元208年，曹操在平定北方之后，挥师南下，亲率大军征讨荆州牧刘表。结果刘表病死，继任荆州牧的刘琮不战而降，曹操不费一兵一卒就拿下荆州。曹操志得意满，意气风发，下一个目标就是盘踞江东的孙权。于是，曹操给孙权写了一封信："近来，我奉天子诏令讨伐荆州，刘琮束手就擒。现在我准备了八十万水陆大军，想和将军在吴地会战。"

其实，这是一封恐吓信，曹操希望孙权看到这封信后，和刘琮一样乖乖投降。这封信还是很有威慑力的，江东群臣看了之后大都劝孙权投降。然而，这封信吓不住孙权。后来，孙权联合刘备在赤壁打败了曹操，击碎了曹操一统天下的希望。

第二封信：孙权写给曹操的劝退信

公元213年，曹操率领大军进攻濡须口，与孙权相持一个多月。孙权用水军包围曹军，抓获曹军三千余人，淹死的曹军也有几千人。后来孙权几度挑战，曹操坚守不出。于是，孙权给曹操写了一封信："现在到春天了，涨水了，这情况明显对你不利。"曹操一看，现实确实如此，这么僵持下去赢面不大，便主动撤军了。

> **思考：**
> （1）书面沟通有哪些优缺点？
> （2）沟通文书的类型有哪些？

与口头沟通相比，书面沟通具有持久性、规范性、准确性、可追溯性等特点，在需要严谨、准确传递信息的场合发挥着不可替代的作用。

项目七 书面沟通技巧

一、书面沟通的优缺点

（一）书面沟通的优点

（1）沟通文书可被长期保存和查阅（见图7-1）。在书面沟通中，沟通文书均可被长期保存，并可供沟通双方在未来任意时间查阅。书面沟通的这一特点使得沟通双方可随时回顾沟通细节，从而为解决可能出现的争议提供依据。

书面沟通解决论文评分风波

图7-1 查阅沟通文书

（2）信息更加准确和清晰。在书面沟通中，沟通者可反复推敲和修改言辞，从而尽量避免言辞中的歧义、增强言辞的逻辑性，确保准确传递信息。此外，沟通者不容易受到情绪、语速或口音等因素的影响，可清晰地向对方传递信息，避免对方产生误解。

（3）有助于促进深度思考。在书面沟通中，沟通者需要将脑海中纷繁的想法逐一提炼、整理，然后用逻辑严谨的文字将其精确地表达出来。在这个过程中，思考会逐渐变得深入。

（二）书面沟通的缺点

（1）耗费时间较长。与口头沟通相比，书面沟通的流程较复杂，而且在每个环节沟通者都需要耗费大量的时间。在书面沟通中，沟通者要表达清晰、准确和完整，这意味着在开始写作前，沟通者需要耗费时间进行思考和准备；撰写过程中，沟通者需要耗费时间来精心组织语言；写作完成后，沟通者需要耗费时间对沟通文书进行校对和修改。

（2）沟通门槛较高。在书面沟通中，沟通者需要具备良好的文字表达能力，能够准确、清晰地传达信息；需要沟通者具备良好的阅读理解能力，能够准确理解文字所表达的意思。沟通者如果不具备这两种能力，就难以保证书面沟通的有效性和准确性。

（3）反馈不及时。在书面沟通中，沟通者发出信息后，沟通对象通常需要耗费一定的时间来阅读、理解信息，从而导致沟通对象无法及时做出反馈。此外，当沟通对象对某些信息存在疑问时，也无法立即得到沟通者的解答。

（4）在情感表达上存在一定的局限性。在口头沟通中，沟通者可以使用面部表情、身体动作、语调等丰富的副语言来表达情感。然而，在书面沟通中，沟通者无法使用副语言，不利于充分表达情感。此外，文字本身在表达情感上具有局限性，容易被错误解读，尤其是其中包含讽刺、幽默等感情色彩时，读者可能无法正确理解文字背后的真实情感和意图。

二、书面沟通的流程

书面沟通的流程可以分为做好准备、起草文书、修改文书、传递文书和处理反馈信息等步骤。是否需要完整地经历书面沟通的流程取决于沟通内容的复杂程度。例如，为某家企业撰写市场分析报告时，由于市场分析报告内容复杂，沟通者需要经历完整的书面沟通流程，但为朋友撰写简单的生日贺卡时不需要经历完整的书面沟通流程。

（一）做好准备

1. 明确目标

明确书面沟通的目标，能够为沟通者指明写作方向，使写作更具针对性。例如，市场部在撰写商业计划书时应先明确沟通目标——吸引潜在投资者并促使他们做出投资决策，然后围绕这个目标来组织内容、突出本公司的核心优势，让投资者一目了然地了解本公司的发展潜力和投资价值。

2. 分析读者

分析读者的目的是帮助沟通者更好地理解其目标受众，以便更有效地传递信息、满足读者的需求，最终提升书面沟通的效果。分析读者时，沟通者可以考虑他们的职业、年龄、受教育程度等，还可以了解他们的兴趣和阅读偏好。

> **同步案例**
>
> **根据读者群体调整写作策略**
>
> 工程师小邱需要编写一份针对新员工的软件操作教程。他深知新员工刚接触公司的软件，对许多功能还不熟悉。因此，他在编写过程中尤其注意使用通俗易懂的语言，确保软件操作教程简单、易读。在内容上，小邱先介绍了软件的基本界面，帮助新员工快速了解软件，然后介绍了软件的常用功能，并在教程中穿插了一些实际操作案例，让新员工能够边学边做，从而更快地掌握软件的操作方法。
>
> 后来，小邱需要编写一份面向同行专家的软件研究报告，他采取了完全不同的写作策略。由于报告的读者是具备丰富专业知识的同行专家，小邱在报告中使用了一些专业术语，并详细阐述了研究方法和数据分析过程，以满足专家想要深入了解研究成果的需求。

3. 搜集资料

资料为书面沟通提供了事实依据和观点支撑。正式写作前，沟通者应全面、系统地搜集与沟通目标相关的各种资料。这些资料可以来源于书籍、报刊、网络等，也可以来源于自身生活和工作经验。

4．列出提纲

列出提纲是确保书面沟通内容清晰、逻辑严密的关键步骤。提纲既可以帮助沟通者梳理思路，使得沟通内容富有条理，也可以帮助沟通者避免在写作过程中遗漏重要信息，从而提高书面沟通的效率和质量。沟通者应围绕沟通目标，结合参考资料，撰写一份简短的写作提纲。

（二）起草文书

起草文书时，沟通者应注意以下几点：

（1）开门见山地表明写作目的，让读者在文书的开头便可以知道这份文书是否与自己有关。

（2）确保内容逻辑连贯，使读者可以轻松地跟随沟通者的思路，清晰地理解沟通者所传达的信息。

（3）尽量使用简短的句子，以使文书易读、易懂。

（4）注意文书的整体版式设计，保证版面美观、字体大小合适、页边距设置合理等。

（三）修改文书

写完文书后，沟通者应对文书进行修改。具体来说，沟通者应审查文书的结构，确保文书条理清晰，段落划分合理，过渡流畅自然；推敲词句，使文书内容更加准确、简明、生动，从而提升读者的阅读体验；仔细检查文字细节，修正错字、语法错误等，确保语言规范。

（四）传递文书

修改文书后，沟通者应将文书传递出去，如直接在会议上、面谈时递交文书（如图7-2），或通过网络发送文书。

图7-2　递交文书

（五）处理反馈信息

传递文书后，沟通者可能会收到来自读者的反馈信息。处理反馈信息时，沟通者应保持积极的态度：对于疑问，应耐心解答，确保读者清晰、准确地理解文书内容；对于赞扬和鼓励，应表示感谢；对于建议和批评，应虚心接受，认真反思，并根据实际情况进行改进。

三、沟通文书的类型

沟通文书的类型丰富多样，下面介绍几种主要类型。

（一）事务文书

事务文书是指党政机关、社会团体、企事业单位和个人在处理日常事务时，用来传递信息、安排工作、总结得失等的文书，如计划、工作报告、通知、会议纪要等。

（二）经济文书

经济文书是指人们在经济活动中使用的，用来反映经济状况、处理经济事务、研究经济问题、协调经济关系的，具有实用价值和固定格式的文书，如市场调查报告、投资分析报告、合同、招标书、投标书、产品说明书等。

（三）法律文书

法律文书是指司法机关、检察机关、当事人、律师等在解决诉讼和非讼案件时使用的文书，如起诉状、上诉状、调解书、裁定书等。

> **指点迷津**
>
> 非讼案件是指在没有民事权益争议的情况下，利害关系人请求法院确认某种民事权利或法律事实是否存在的案件。我国民事诉讼法中规定的选民名单案件，宣告失踪人死亡案件，认定公民无民事行为能力、限制民事行为能力案件，认定财产无主案件，都属非讼案件。

（四）日常文书

日常文书是指人们在日常生活中使用的文书，如借据、请假条、介绍信、证明信、求职信、简历、申请书等。

(五)礼仪文书

礼仪文书是指人们在社会交往中,用来交流情感、增进友谊和改善关系的文书,如贺卡(见图 7-3)、邀请函、祝贺信、慰问信、感谢信、喜报、祝寿词等。

图 7-3　贺卡

请根据标题,判断以下文书的类型:
(1)《关于召开××会议的通知》
(2)《××公司 2024 年市场营销工作计划》
(3)《××人民法院民事判决书》
(4)《××公司十周年庆典活动邀请函》

任务实施

做好书面沟通的准备

【背景材料】

某出版社致力于为读者提供高质量、有深度的专业书籍,小王是该出版社的策划人员。近年来,随着社会老龄化程度加深,养老问题成为社会关注的热点。该出版社敏锐地捕捉到了这一社会热点,考虑推出一本关于养老护理服务的新书。策划部经理将撰写市场分析报告的任务交给了小王,希望他能为出版社做出合理的出版决策提供有力支持。

【实施步骤】

(1)学生自由分组,4～6 人为一组,并选出一名组长。

(2)各小组分析以下问题:① 此次书面沟通的目标是什么?② 市场分析报告的读者是谁?

 沟通技巧

（3）各小组围绕此次书面沟通的目标搜集相关资料，列出市场分析报告的提纲，并制作 PPT。

（4）组长在课堂上展示本小组制作的 PPT，指导教师进行点评。

【实施记录】

根据任务实施情况填写表 7-1。

表 7-1　任务实施记录表

班级		组号		指导教师	
小组成员	姓名		学号	任务分工	
分析结果					
提纲内容					
活动心得					

项目七　书面沟通技巧

任务二　熟悉常用文书的写作技巧

任务导入

如何编写计划

小许是某大学市场营销专业的毕业生，活泼开朗的她进入了国内一家房地产企业工作，岗位是房地产销售人员。工作一年多来，由于勤奋上进、不甘人后，小许取得了不俗的销售业绩，得到了领导的认可。新的一年即将开始，小许决定撰写一份工作计划，为开展后续工作提供指导。

思考：
（1）小许的工作计划应包括哪些内容？
（2）小许在编写工作计划时，可以运用哪些技巧？

一、计划的写作技巧

计划是指单位、部门或个人对在一定时期内所要做的工作或所要完成的目标预先进行书面化、条理化和具体化安排的一种事务文书。计划一般由标题、正文和落款组成。下面介绍计划的写作技巧。

（一）合理撰写标题

计划的标题一般由单位、部门或个人的名称、时间、内容和文种（文书的种类）组成，如"××学院××××年招生工作计划"。在某些情况下，标题里的单位、部门或个人的名称可以省略，如"××××年招生工作计划"。

若需对计划的成熟度或特定用途进行标注，沟通者可在标题末尾添加括号，并注明"草案""初稿""讨论稿""征求意见稿""送审稿"等，如"××××年招生工作计划（初稿）"。

（二）合理撰写正文

计划的正文分为开头、主体和结尾三个部分。

1. 开头

在计划的开头处，沟通者应说明制订计划的原因、目的和依据等，然后用"特制订

××计划""特将××工作安排如下"等过渡语引出计划的主体。

2. 主体

主体是计划的核心部分,一般包括以下内容:

(1)目标。沟通者应写明总体目标,所要完成的任务,应达到的数量、质量指标等,使读者明白"做什么"。

(2)措施。措施是实施计划的具体方法和完成任务、实现目标的保证。沟通者应把措施写得明确、具体、可操作,使读者明白"怎么做"。

(3)步骤。沟通者应对工作进度进行安排,并写明每一步骤的时限,使读者明白"什么时间做什么"。

3. 结尾

沟通者既可根据实际情况来写计划的结尾,也可不设结尾。结尾可用来补充正文,指出在执行计划时应注意的事项;也可提出希望和号召,以结束全文;还可展望计划实现后的前景,给人鼓舞。

(三)合理撰写落款

计划的落款位于正文右下方,包括单位、部门或个人的名称、成文日期等。若单位名称已经在标题中注明,则只需在落款处注明成文日期并加盖公章即可。

同步案例

2024年房地产销售工作计划

2023年,在李经理的帮助下,我提前完成了工作任务。2024年,为了保持这种势头,持续提高销售业绩和客户满意度,特制订如下工作计划。

一、工作目标

(1)销售业绩目标:在本年度内,实现个人销售业绩增长5%,力争超过公司设定的销售业绩目标。

(2)客户满意度目标:在本年度内,将客户满意度提升至96%,铸就良好的口碑。

二、具体措施

(1)多渠道搜集客户信息。在社交媒体平台(如微信、微博、抖音等)上发布房地产信息,吸引潜在客户关注,并邀约有意向的客户看房;在社区、商圈、学校等潜在客户聚集地开展地推活动,发放宣传资料;参加房地产展览、展销会,与潜在客户面对面交流。

(2)优化销售策略。针对不同客户群体,采用个性化的销售策略,提高销售转化率。例如,对于首次购房的客户,重点介绍楼盘的性价比和未来的升值空间;对于购买改善性住房的客户,突出楼盘的舒适度和配套设施的完善程度。

(3) 维护客户关系。建立完善的客户档案，定期回访客户，及时解决客户的问题。同时，通过邀请客户参加公司活动等方式增强客户黏性。

(4) 提升销售技能。积极参加公司组织的培训活动，学习其他同事分享的销售经验和成功案例，掌握房地产销售的技巧。

··············

许××

2024年××月××日

二、工作报告的写作技巧

工作报告是指下级向上级汇报工作情况的陈述性文书。工作报告一般由标题、正文和落款组成。下面介绍工作报告的写作技巧。

（一）合理撰写标题

工作报告的标题有单标题和双标题两种写法，报告者可根据需要选择其中一种写法。

1. 单标题

单标题包括公文式标题和文章式标题。

（1）公文式标题是指写明单位、部门或个人的名称、时间、内容和文种的标题，如"××学院××××年招生工作报告"，有时也可省略名称或时间，如"关于招生工作情况的报告"。

（2）文章式标题是指用简洁、概括式的语言揭示报告的主题，但不出现"报告"两个字的标题，如"增强服务意识，打造过硬队伍"。

2. 双标题

双标题是指标题中包含正标题和副标题，如"售后服务是企业的命脉——××技术服务中心工作报告"。其中，破折号前面的是正标题，用于揭示报告的主题；破折号后面的是副标题，写明单位、部门或个人的名称、时间、内容和文种。

（二）合理撰写正文

工作报告的正文分为开头、主体和结尾三个部分。

1. 开头

工作报告的开头一般比较简短，旨在简单介绍所要报告的基本事项，为下文做好铺垫。工作报告中常用的开头方式有以下几种：

（1）概述式开头：在开头处概述工作情况，如"经过三个月的努力，本部门圆满地完成了××项目。回顾过去的工作，我们取得了一些成绩，但也存在着不足"。

（2）感想式开头：在开头处点明自己的工作感想，引出报告内容，如"经过这一学期的工作，我深刻地体会到要当好一名班主任有多么不容易。怎样才能当好班主任？现以我个人的工作经验，谈几点体会"。

（3）对比式开头：在开头处将不同时期的工作情况进行对比，突出当前的工作成果，如"去年，公司亏损近100万元。但今年，公司扭亏为盈，实现净利润200万元。接下来，我将对公司本年度的工作情况进行报告"。

> **课堂互动**
>
> 讨论在以下工作报告中，报告者可以如何撰写开头：
> （1）《客服岗位个人工作报告》
> （2）《人力资源部年度招聘与培训工作报告》
> （3）《忠诚+服务，在工作中增强"获得感"》

2. 主体

工作报告的主体应包括以下内容：

（1）工作情况。报告者应写明做了哪些工作，为做好工作采取了哪些措施，取得了哪些工作成果等。

（2）经验与教训。报告者应着重分析工作中哪些措施是有效的，总结取得成功的经验，为以后开展工作提供方法论指导。

（3）问题及其解决方法。报告者应找出工作中存在的问题，分析产生问题的原因，并提出解决问题的方法。

报告者既可按照时间顺序对每个阶段的工作情况、经验与教训、问题及其解决方法等进行汇报，也可将工作内容分成若干板块，然后针对不同板块分别进行汇报。

3. 结尾

在工作报告的结尾处，报告者可以一小段文字表明努力的决心或展望未来的工作前景，也可以公文专用语为结尾，如"特此报告""以上报告，请审阅"等。

（三）合理撰写落款

报告者应在工作报告的落款处写明报告的单位、部门或个人的名称和日期。

三、通知的写作技巧

通知是指向特定受文对象告知或转达有关事项或文件，让受文对象知道或执行的文书，如会议通知、培训通知、放假通知、人事任免通知等。与其他文书相比，通知具有很强的时效性。通知一般由标题、正文和落款组成。下面介绍通知的写作技巧。

(一)合理撰写标题

通知的标题主要有以下几种形式:

(1)由单位或部门的名称、事由、文种组成,如"××工厂关于××××年节假日放假安排的通知"。

(2)由事由、文种组成,如"关于印发《科研项目差旅费管理办法》的通知"。

(3)由单位或部门的名称、文种组成,如"销售部通知"。

(4)直接以"通知"为标题。

(二)合理撰写正文

通知的正文分为开头、主体和结尾三个部分。

1. 开头

在通知的开头处,发文者应先说明受文对象,如"全体员工""各部门负责人"等,之后简要说明通知的事项,如"为了丰富员工的业余生活,增强团队凝聚力,公司决定于本周末举办一次户外团建活动(见图7-4)。现将活动相关事项通知如下"。

图 7-4　户外团建活动

2. 主体

通知的主体应包括以下内容:

(1)时间和地点。当发布关于会议、培训等在特定时间和特定地点展开的活动的通知时,发文者应写明时间和地点。时间应包括年、月、日,地点应指明建筑物、楼层、房间。

(2)人员。发文者应在通知里写明通知涉及的人员。

(3)事项。事项应具体、明确、简明扼要,不能模棱两可。当事项较多时,发文者应将其分项列出,以便受文对象阅读。

(4)要求。如果有需要相关人员执行的要求,发文者应明确说明,如"请各位员工着正装出席""请各位员工提前15分钟到场签到"。

3. 结尾

在通知的结尾处，发文者可以使用"特此通知""请予以执行"等表述。当通知内容较为复杂时，发文者可以提供联系方式，以便受文对象咨询。

（三）合理撰写落款

发文者应在通知的落款处写明发布通知的单位或部门的名称和日期。

> **同步案例**
>
> **关于开展新员工培训的通知**
>
> 全体员工：
>
> 　　为提升新员工的综合素质，公司决定于近期开展新员工培训。现将有关事项通知如下：
>
> 　　一、培训日期
>
> ××××年××月××日至××月××日，共2天。
>
> 　　二、培训地点
>
> 公司三楼会议室。
>
> 　　三、培训安排
>
> ××月××日 9:00—12:00：了解行业发展趋势。
>
> ××月××日 14:00—17:00：熟悉公司业务流程。
>
> ××月××日 9:00—12:00：学习团队协作与沟通技巧。
>
> ××月××日 14:00—17:00：学习安全生产知识。
>
> 　　四、参训人员
>
> ××××年××月××日之后入职的员工均需参加此次培训。
>
> 　　五、有关要求
>
> （1）请各部门领导提前安排好工作，确保新员工能够按时参加培训。
>
> （2）参训人员需携带笔和笔记本。
>
> （3）确因特殊情况不能参加培训的，请履行请假手续。
>
> ××公司人力资源部
××××年××月××日

四、求职信的写作技巧

求职信是指求职者向用人单位推荐自己担任某项工作或从事某项活动，请求对方聘请自己的一种信函。求职者可通过求职信向用人单位说明求职理由，并适当地推荐自己，介绍自己的成绩、特长、优势等，以提高求职的成功率。求职信一般由标题、称呼、正文、祝词、落款和附件组成。下面介绍求职信的写作技巧。

（一）合理撰写标题

标题是求职信的标志，一般以"求职信"三个字表示即可，其字体比正文内容的字体大。

（二）合理称呼收件人

求职信中的称呼是指对收件人的称呼，往往比一般书信的称呼更正式。若求职信是写给用人单位人力资源部的，可用"尊敬的××经理"称呼收件人；若是写给科研院所或高校人事部门的，可用"尊敬的××教授（老师）"称呼收件人。求职者在求职时，通常不了解收件人的岗位，为避免出现错误，也可用"尊敬的领导"称呼收件人。

（三）合理撰写正文

求职信的正文分为开头、主体和结尾三个部分。

1. 开头

在求职信的开头处，求职者应开门见山，写明问候语、个人简介、信息来源和求职意向。在问候语中，应致以简单问候以示礼貌，如"您好"；在个人简介中，应简单介绍个人信息，包括姓名、年龄、毕业院校、学历、专业等；在信息来源中，应简单说明自己是如何获取求职信息的，如"我在贵公司官网上看到了招聘信息，故前来应聘"；在求职意向中，应说明想要应聘的岗位。

2. 主体

这是求职信的关键部分，应详略得当。在这一部分，求职者应说明能够胜任所应聘岗位的理由，介绍自己的实践经历、职业素养、特长等，以证明自己符合岗位要求，能够胜任该岗位。

> **指点迷津**
>
> 在说明能够胜任所应聘岗位的理由时，不要详细罗列自己所掌握的所有知识和技能，而要突出胜任该岗位所应具备的知识和技能，避免写与所应聘岗位无关的内容，更不要写对应聘不利的内容。例如，用人单位招聘的是"教学人员"，求职者却展现自己不够稳重的性格特征，这样容易导致求职失败。

3. 结尾

在求职信的结尾处，求职者应表明自己能够胜任该岗位的信心，恳请用人单位给予面试机会和工作机会。

（四）合理撰写祝词

求职者可使用"祝贵公司兴旺发达"等口语化的祝词，也可使用"顺祝商祺""此致敬礼"等较为正式的祝词。

（五）合理撰写落款

求职者应在求职信的落款处署名并注明日期。署名可与信首的称呼相呼应，如果在信首称对方为"××老师"，则可署名"学生××"，当然也可直接写上自己的名字。署名的下方应完整地写上年、月、日。

（六）合理添加附件

附件是附在求职信后的能够证明个人成绩、展现个人优势的材料，如学历证书、资格证书、获奖证书、发表的论文等。附件在精不在多，要能够引起用人单位的注意。

求职信

尊敬的领导：

　　您好！

　　我是××学校20××届××旅游管理专业的应届毕业生刘××。我在学校就业指导中心网站看到贵公司的招聘启事，通过了解，我认为自己符合贵公司景区运营管理岗位的任职要求，因此怀着一颗赤诚的心和对旅游业的热爱，真诚地向您推荐自己！

　　在学习方面，我学习成绩优异，名列专业第×，曾获得××奖学金。在实践方面，我曾任学生会主席、班长等职务，并在××公司实习半年。在实践中，我提高了管理能力、活动组织策划能力和人际交往能力。此外，我还具备较强的英语口语沟通能力和办公软件操作能力。

　　学习与实践使我增长了专业知识，提升了专业技能，也使我更加热爱旅游事业。相信在景区运营管理岗位上，我能够用事业心和责任感面对困难和挑战，用热情和能力在贵公司发挥最大价值。

　　感谢您在百忙之中抽空阅读我的求职信，这对一个即将迈出校门的学子而言，是一份莫大的鼓励。随信附上我的个人简历、学历证书和成绩单扫描件，希望能够得到贵公司的面试机会。

　　祝贵公司蓬勃发展，蒸蒸日上！

刘××
20××年××月××日

附件：1. 个人简历
　　　2. 学历证书、成绩单扫描件

五、简历的写作技巧

简历是求职者对其基本信息、教育背景、实践经历、能力及其他情况所做的简要介绍，其作用是让用人单位全面了解自己，从而为自己争取面试机会。简历是用人单位对求职者进行分析、比较和筛选,以确定初选人员的重要依据。求职者应认真地撰写自己的简历,通过简历与用人单位建立有效联系,给用人单位留下良好的印象,从而获得用人单位的初步认可。下面介绍简历的写作技巧。

(一)合理撰写简历的内容

一般来说,简历应包括个人的基本信息、教育背景、实践经历、能力、特长与自我评价等内容。

1. 基本信息

个人的基本信息包括姓名、年龄或出生年月、性别、民族、籍贯、最高学历、联系方式、求职意向等。一般来说,个人的基本信息越详细越好,但要有条理地逐条罗列,每项信息用一两个关键词概括说明即可。此外,还要附带一张较为正式的个人照片。

> **指点迷津**
>
> 求职者应在简历中准确填写自己的联系方式,并且在求职期间,尽量不要更换联系方式,否则用人单位很难联系到自己。

2. 教育背景

教育背景主要是指求职者从上大学至就业前的学习经历,即从某年某月到某年某月在哪所学校攻读哪个专业。通常情况下,求职者应将最近的学习经历写在最上方。

此外,求职者还应在简历中列出自己在大学期间的主修科目。由于在大学期间所修的科目众多,因此应有针对性地罗列,突出与自己所应聘岗位相关的科目,不必面面俱到。

3. 实践经历

用人单位一般都很看重求职者的实践经历,所以求职者一定要认真填写这部分内容,突出自己担任过的职务和参与社会实践的情况。若曾在大型企业实习或工作,则一定要在简历中注明,以表明自己拥有宝贵的工作经验。

4. 能力、特长与自我评价

能力、特长与自我评价要与所应聘岗位的任职要求相关,求职者可结合自己所获得的证书、奖项和所掌握的技能来展现自己的能力、特长,同时进行真实的自我评价。

(二)遵循简历的写作原则

一份优秀的简历应简洁易读、美观大方。在撰写简历时,求职者应遵循以下原则:

(1)篇幅简短。简历不宜太长,一般以不超出一页纸为宜。用人单位在招聘时,需要筛选大量简历,因此花在每份简历上的时间很短。要想在短时间内吸引用人单位的眼球,简历必须篇幅简短。

(2)条理清晰。一份条理清晰的简历不仅能让用人单位在看具体内容之前就心生好感,进而产生阅读兴趣,还能方便用人单位快速看到自己需要的信息。

（3）表达准确。简历能体现一个人的文字功底和做事风格，用人单位就是从查看简历开始考察求职者的。因此，简历中的语句应意思清楚、准确，不能出现错字、病句，以免给用人单位留下不好的印象。

（4）内容真实。在撰写简历时，既不能夸大其词，也不能过分自谦或消极地评价自己，更不能编造虚假信息，而应客观、真实地介绍自己。

（5）设计适度。简历应经过适度设计，既不能缺乏美感，也不能过度美化，以免导致形式大于内容。

简历的范例

表 7-2 展示了一份简历的范例。

表 7-2 简历的范例

个人简历		
姓　　名：张×× 出生日期：2001 年 10 月 1 日 E-mail：××@sina.com 通信地址：湖南省长沙市天心区×× 在校职务：校学生会副主席、院系团支部书记 求职意向：人力资源部经理助理	性　　别：男 政治面貌：中共党员 手　　机：138××××1128 邮　　编：410004	照片
教育背景	2019 年 9 月—2023 年 7 月，××大学人力资源管理专业 2016 年 9 月—2019 年 7 月，长沙市××中学	
继续教育情况	2023 年底，获得人力资源管理师证书	
主修课程	运筹学、市场营销、西方经济学、国际贸易、电子商务、推销与谈判、人力资源管理、组织行为学等	
英语水平	通过大学英语六级考试，能熟练地进行英语听、说、读、写	
计算机水平	通过全国计算机等级考试（二级），能熟练操作 Office 办公软件	
获奖情况	获得四次校级二等奖学金，获得三次"优秀学生干部"和一次"三好学生"称号	
实践与实习	2021 年 5 月，参与组织学校五四青年节大型歌咏比赛 2022 年 7 月，在××公司实习，主要负责制订公司人员的年度培训计划、员工的再教育和再培训计划，以及统计人力资源的相关数据 2023 年 3—5 月，在××科技公司人力资源部任经理助理，主要辅助人力资源经理完成公司内部人员的岗位调动、离职的审批和应聘人员的挑选，制订公司人力资源招聘、管理制度等	
自我评价	热情、努力，善于进行团队合作，有较强的交际能力；做事踏实，能自觉遵守公司的各项规章制度	

任务实施

撰写求职简历

【实施步骤】

(1)学生通过学校就业指导中心网站或其他渠道寻找招聘信息,选择其中最适合自己的一条,撰写一份简历,并进行自评和修改。

(2)学生与同桌互相交换简历,并对彼此的简历提出修改建议。

(3)学生对简历进行进一步修改,修改完成后将简历上交给指导教师。

(4)指导教师挑选出几份优秀的简历,并邀请简历的作者在课堂上分享自己的写作心得。

【实施记录】

根据任务实施情况填写表 7-3。

表 7-3 任务实施记录表

班级		姓名		指导教师	
简历中的亮点					
简历中存在的不足					
写作心得					

沟通技巧

学习成果自测

1. 填空题

（1）是否需要完整地经历书面沟通的流程取决于沟通内容的_____。

（2）_____是指党政机关、社会团体、企事业单位和个人在处理日常事务时，用来传递信息、安排工作、总结得失等的文书。

（3）_____是指单位、部门或个人对在一定时期内所要做的工作或所要完成的目标预先进行书面化、条理化和具体化安排的一种事务文书。

（4）工作报告一般由标题、正文和_____组成。

2. 单项选择题

（1）（　　）是确保书面沟通内容清晰、逻辑严密的关键步骤。
  A. 分析读者 B. 搜集资料
  C. 列出提纲 D. 起草文书

（2）下列选项中，不属于经济文书的是（　　）。
  A. 工作报告 B. 招标书
  C. 合同   D. 产品说明书

（3）在撰写求职信时，下列做法恰当的是（　　）。
  A. 用"嗨，你好"来开头
  B. 不提及自己的毕业院校
  C. 不提及自己想要应聘的岗位
  D. 简单地说明自己是如何获取求职信息的

（4）下列关于简历的说法，正确的是（　　）。
  A. 简历中的教育背景应包括就读的初中
  B. 主修科目写得越多越好
  C. 实践经历包括获得的奖项和荣誉称号
  D. 可以补充说明一些自己的特长

3. 多项选择题

（1）下列选项中，属于礼仪文书的有（　　）。
  A. 贺卡   B. 感谢信
  C. 申请书 D. 请假条

（2）通知正文的主体部分包括的内容有（　　）。

　　A．时间和地点　　　　　　B．人员

　　C．要求　　　　　　　　　D．联系方式

（3）小赵是一家公司的财务管理人员，在编写公司第一季度财务管理工作报告时，恰当的做法有（　　）。

　　A．小赵在报告中使用了公文式标题"××公司××××年第一季度财务管理工作报告"

　　B．在报告正文的开头部分，小赵概述了公司本季度财务管理工作的基本情况

　　C．在报告正文的主体部分，小赵详细阐述了本季度做了哪些财务管理工作、取得了哪些工作成果、获得了哪些工作经验、存在哪些问题等

　　D．在报告正文的结尾部分，小赵表明了继续做好财务管理工作的决心

（4）旅游管理专业的应届毕业生小翟准备应聘导游岗位，在求职简历中可以不提及的信息有（　　）。

　　A．小翟的联系方式

　　B．小翟音乐鉴赏课的成绩

　　C．小翟擅长烹饪

　　D．小翟在校期间参加篮球比赛的成绩

4．简答题

（1）简述书面沟通的优点。

（2）简述书面沟通的缺点。

（3）简述书面沟通的流程。

（4）在撰写简历时，求职者应遵循哪些原则？

沟通技巧

学习成果评价

请进行学习成果评价，并将评价结果填入表 7-4 中。

表 7-4　学习成果评价表

班级		指导教师		日期	
姓名		学号			
项目名称		书面沟通技巧			
评价项目	评价内容		分值	自我评分	教师评分
知识（40%）	书面沟通的优缺点		4		
	书面沟通的流程		8		
	沟通文书的类型		4		
	计划、工作报告和通知的写作技巧		12		
	求职信和简历的写作技巧		12		
技能（40%）	能够根据沟通情景选择合适的沟通文书		20		
	能够合理撰写沟通文书		20		
素养（20%）	具备良好的学习态度，积极参与实践活动		5		
	具备良好的团队精神和团队协作能力		5		
	增强诚信意识，在书面沟通中以诚为本		5		
	提高自我认知水平，合理进行自我评价		5		
合计			100		
总分（自我评分×40%+教师评分×60%）					
自我评价					
教师评价					

项目八

职场沟通技巧

 项目导读

在职场中,无论是与同事合作,还是与客户交往,有效的沟通都是必不可少的。通过合理运用职场沟通技巧,职场人士能够更有效地与他人沟通,有助于营造良好的工作氛围、建立良好的人际关系、赢得客户的信赖,从而提高工作效率和客户满意度。

 学习目标

知识目标

- 熟悉与同事沟通的技巧。
- 熟悉与上级沟通的技巧。
- 熟悉与下级沟通的技巧。
- 熟悉与客户沟通的技巧。

素质目标

- 树立正确的职业道德观,在职场中尊重他人,平等地对待他人。
- 培养热心、耐心服务客户的良好职业素养,增强职业责任感和使命感。

 沟通技巧

任务一　熟悉与同事沟通的技巧

 任务导入

做个职场"热心人"

小蔡性格开朗，喜欢帮助别人，在学校里非常受老师、同学的欢迎。

毕业后，小蔡来到一家药品销售公司上班。每天上班见到同事，小蔡都热情地与同事打招呼（见图8-1）。在工作空闲的时候，小蔡会观察办公室里的情况和公司微信群的动态，发现自己能帮忙的地方，便积极主动去做。

图8-1　热情地与同事打招呼

例如，同事小郑请假了，小蔡便主动帮小郑接待由小郑负责的客户，并认真记下客户的要求，然后告诉小郑。又如，同事小余感冒了，小蔡发现后主动询问小余身体有何不适，并为其送上感冒药。

慢慢地，同事越来越信任小蔡。后来，公司要组建一个新部门，在同事的支持下，小蔡被任命为新部门的主管。

> **思考：**
> （1）小蔡为什么能获得同事的信任和支持？
> （2）你从小蔡身上学到了哪些与同事沟通的技巧？

项目八　职场沟通技巧

一、日常沟通的技巧

（一）热情地与同事打招呼

同事沟通话术示例

在职场中，当一方热情地与另一方打招呼时，能使对方感受到善意，拉近彼此之间的距离。与同事打招呼时，要表现得热情、真诚、大方。矫揉造作、神态夸张或扭扭捏捏，反而会给人留下虚情假意的印象。此外，打招呼时不要目光游离、东张西望，而要目光专注、面含笑意。

（二）得体地称呼同事

得体的称呼能体现自身的素养和对同事的尊重。与同事沟通时，可使用"姓名+职位"式的称呼，如"韩经理""许秘书"；若与同事关系亲近，可简称同事的姓名，如"老吴""小章"。需要注意的是，无论如何称呼对方，都要做到以下几点：① 记住对方的姓名；② 称呼要符合对方的年龄、身份；③ 有礼、有节、有序。

> **同步案例**
>
> **令人"印象"深刻的小董**
>
> 小董毕业后进入某公司的市场部工作。当时市场部没有负责人，大家都认为同事老李迟早会成为负责人，于是私下里经常称呼老李为"李总"。小董和其他同事一样，平时也习惯称呼老李为"李总"。
>
> 一天，公司召开大会，各部门员工都要介绍自己的工作情况。轮到小董时，他提到老李还是一口一个"李总"，让老李的脸红一阵白一阵的。老李多次向小董使眼色，但小董浑然不知。小董这种说话不看场合的行为，让大家"印象"深刻。

（三）适时地对同事表达谢意

适时对帮助自己的同事表达谢意，既是尊重同事的表现，又是维护同事关系的重要方法。感谢同事不一定要送礼，更不需要没完没了地说恭维话；使用简短的语言，充分表达出自己已知晓对方善意、接受对方好意的意思即可。例如，在得到同事帮助后，说一句"真的太感谢了，我正忙不过来，你可真是帮了我的大忙"或"麻烦你了，谢谢"，就可以充分表达谢意。

（四）真诚地赞美同事

每个人都渴望被承认、被尊重，而赞美的实质，便是对他人的承认和尊重。在适当的时间、适当的场合，真诚地赞美同事，可使对方心情愉悦，拉近彼此的距离。需要注意的是，赞美一定要发自内心，没有诚意的赞美是无效的，甚至还会引起他人的反感。

（五）主动地关心同事

要想和同事更好地沟通，还要在"情"字上下功夫，在工作和生活中主动关心同事，与同事交流情感。例如，当同事在工作中遇到难题时，要热心地提供帮助，做到知无不言，言无不尽；当同事在生活中遇到困难时，也要给予关心，使其感受到温暖。

（六）及时、坦诚地向同事道歉

人非圣贤，孰能无过。在职场中，如果无意间冒犯了同事，或工作中出现了纰漏，一定要及时、坦诚地向同事道歉（见图 8-2）。道歉并不代表示弱和退缩，从有效沟通的角度来看，道歉可以修补关系、体现个人的良好修养。

图 8-2　向同事道歉

道歉的具体要求如下：① 要及时道歉，即使不能马上道歉，日后也要寻找机会表示歉意；② 道歉时，要真心实意，不要敷衍了事或做过多的辩解；③ 道歉时，要坦诚直率，不要躲躲闪闪。

故事讲堂

负荆请罪

战国时期，赵惠文王因蔺相如在外交上有功，封他为上卿。对此，廉颇很不服气，便对别人说："我廉颇攻无不克，战无不胜，立下许多大功。他蔺相如有什么能耐，就靠一张嘴，反而爬到我头上来了？我碰见他，定要让他下不了台！"这话传到了蔺相如耳中，于是，他就请病假不上朝，免得跟廉颇见面。

有一次，蔺相如乘车外出，远远看见廉颇的车子迎面而来，急忙叫手下把车赶到小巷里。大家都以为蔺相如怕廉颇，还在私下悄悄议论。蔺相如的手下实在忍不住了，便问蔺相如："为何您如此害怕廉将军？"

蔺相如问:"廉将军和秦王比,谁厉害?"手下回答说:"当然秦王厉害。"蔺相如接着说:"秦王我都不怕,会怕廉将军吗?大家知道,秦王不敢进攻我们赵国,就是因为'武有廉颇,文有蔺相如'。如果我们俩闹不和,就会削弱赵国的力量,秦国必然乘机进攻赵国。我之所以避着廉将军,为的是我们赵国啊!"

蔺相如这番话传到廉颇耳中,廉颇被蔺相如宽广的胸怀深深感动了,他对自己的行为感到十分惭愧。于是,他脱掉上衣,在背上绑了数根荆条,来到蔺相如家请罪。蔺相如见廉颇来负荆请罪(见图8-3),便热情地出来迎接,并请他坐下,两人开怀畅谈。从此,两人成为至交,共同保卫赵国。

图8-3 负荆请罪

(七)拒绝不合理的请求

在职场中,办事要讲原则。如果有同事提出不合理的请求,要懂得拒绝。当然,拒绝时要讲究技巧,尽量用良好的口才化解彼此的尴尬,在解决问题的同时,不伤害同事之间的感情。具体来说,拒绝的技巧如下:

(1)在拒绝同事的请求时,可以为同事提供有针对性的建议,以维护彼此的关系。例如,在拒绝时可以说:"我今天有其他工作安排,无法帮你完成报告。我建议你先把报告的框架整理出来,这样即使时间紧迫,也不会遗漏重要内容。"

(2)借用相关规定或他人的意思拒绝同事,以免与同事产生直接冲突。常见的用语有"根据公司的规定,我无法答应你的请求,希望你能理解""我咨询过法务人员,他们不建议这样做"。

(3)通过转移话题间接拒绝同事的请求,以免使同事尴尬。也就是说,对同事的请求不说"好",也不说"不好",只是搁置此事,转而说其他事情。运用这种技巧时,要有意识地控制话题的走向,让同事自然而然地接受无法满足其请求的事实。

(八)避免谈论不适宜的话题

与同事沟通时,要避免谈论不适宜的话题。例如,不宜与同事谈论收入,不要对其他同事评头论足,不要揭人短处,等等。

沟通技巧

> **课堂互动**
>
> 公司前台接待员小徐比较时髦，爱打扮。一天，她穿着新买的衣服走进公司，同事 A 看到她由衷地赞美道："你今天好漂亮哦，穿了件新衣服。这件衣服的颜色很适合你，显得很清新！"小徐很开心，道了声"谢谢"。
>
> 此时，同事 B 看到小徐，上前说："今天穿新衣服哦！"小徐正要开心地回应，却听见 B 紧接着问："又是在批发市场买的吧？"小徐灿烂的笑容立刻僵住了。她虽然一向爱去批发市场买衣服，但是很介意别人当面这样说，感觉特别没面子。
>
> 更让她不爽的是，同事 C 看到她的新衣服时，竟然直截了当地说："这衣服的款式不适合你，你胖了点儿，穿这种款式不好看。"听到这句话，小徐脸涨得通红，一整天都不开心。
>
> 请分别评价本案例中 A、B、C 的表现。

二、化解矛盾的技巧

在与同事相处的过程中，可能会产生矛盾，关键是要学会巧妙地化解矛盾。具体来说，化解矛盾的技巧有以下几个。

（一）稳定情绪，停止争执

发生争执时，双方情绪都比较激动，容易口不择言，进一步激化矛盾。因此，与同事发生争执时，应努力稳定自己的情绪，停止继续争执，或者建议对方："现在大家都不理智，等冷静下来我们再讨论这个问题吧！"

（二）主动反思，承担责任

与同事产生矛盾后，应认真分析事情的起因、过程、结果，主动反思自己在整件事情中出现的问题，勇于承担责任。哪怕主要责任不在自己身上，也要深刻检讨，而不要固执地认为错在对方。

（三）采取措施，打破僵局

与同事产生矛盾后，如果因一时之气不再理睬对方，长期下去只会深化矛盾，不利于个人和组织的发展。这时，最好的办法就是主动采取措施打破僵局，让对方体会到你的宽容与大度，从而与你握手言和。例如，早上上班时自然地与同事打招呼，或者下班时邀其一同下班；带小零食分给其他同事时，也自然地分给他；等等。

课堂互动

测一测你与同事沟通的能力如何。

(1) 发现同事的错误时,你会怎样做?

　　A. 委婉提醒

　　B. 直言相告

　　C. 视而不见

(2) 当同事取得良好的业绩时,你会怎样做?

　　A. 及时赞美和祝贺

　　B. 非常关心,想学习其经验

　　C. 暗自羡慕

(3) 当你听到同事在背后说别人的坏话时,你会怎样做?

　　A. 不传话

　　B. 有时会加以制止

　　C. 告诉别人

(4) 与同事沟通时,你会注意自己的语气和语调吗?

　　A. 每次都非常注意

　　B. 重要场合下会注意

　　C. 很少注意

(5) 每天上班见到同事时,你会怎样做?

　　A. 热情地打招呼

　　B. 对方打招呼时会点头致意

　　C. 不打招呼

(6) 当同事在工作中出现重大失误时,你会怎样做?

　　A. 直言相告并帮助补救

　　B. 告知上级并共同补救

　　C. 视关系而定

(7) 当同事向你的工作提出意见时,你会持何种态度?

　　A. 欣然接受,积极改进

　　B. 勉强接受,自我检查

　　C. 表面接受,内心不服

(8) 当你和同事之间产生误会时,你会怎样做?

　　A. 及时沟通,消除误会

　　B. 通过第三方沟通

　　C. 等待对方找自己沟通

（9）当你进入一家新公司时，你会怎样做？

　　A．主动认识每个人

　　B．积极认识部门里的人

　　C．在工作中慢慢认识每个人

（10）当同事对你提出违反公司规定的请求时，你会怎样做？

　　A．委婉拒绝

　　B．义正词严地拒绝并告知领导

　　C．答应同事，以免伤和气

评分标准和结果分析：

选 A 得 3 分，选 B 得 2 分，选 C 得 1 分。

24 分以上，说明你与同事沟通的能力很强，请继续保持。

15～24 分，说明你与同事沟通的能力一般，请努力提高。

15 分以下，说明你与同事沟通的能力较差，急需提高。

任务实施

情景模拟——与同事沟通

【背景材料】

W 公司打算举办文艺汇演，A、B、C、D 四个部门需要合作出一个节目，且每个部门需要派出一名负责人与其他部门进行联系。

A 部门的负责人是小赵，B 部门的负责人是平时与小赵关系不错的小洪，C 部门的负责人是与小赵有过矛盾的小钱，D 部门的负责人是热情且乐于助人的老张。小赵应如何与这几位同事沟通？

【实施步骤】

（1）学生自由分组，4 人为一组。

（2）各小组分角色进行情景模拟，在情景模拟过程中注意合理运用与同事沟通的技巧。

（3）各小组对情景模拟过程进行摄像，并剪辑视频，然后在课堂上展示。

【实施记录】

根据任务实施情况填写表 8-1。

表 8-1 任务实施记录表

班级		组号		指导教师	
小组成员	姓名		学号		任务分工
活动心得					

 熟悉与上级沟通的技巧

 任务导入

如何向上级提建议

小马和小蒋所在的企划部新来了一位上级。某次会议上，上级突然提出了一项改革计划，并指派小马负责协调研发部、生产部和销售部实施该计划，指派小蒋负责协调采购部、客服部、行政部实施该计划。

该计划虽然听上去可以提高公司的管理效率和经营效益，但是实际上几乎颠覆了公司现有的管理模式和组织架构，并不适合公司现在的实际情况。

小马当场就指出了该计划的不足之处，而小蒋在会议上并未表现出强烈的反对态度，只是简单说了自己的一些想法。

 沟通技巧

会后，小马又找到上级，向上级重复了自己的观点。听了小马的观点后，上级非但没有改变想法，还对小马说："请你执行计划。"

而小蒋的做法是先将改革计划发给相关部门负责人，搜集并整理他们的反馈意见，然后结合自己的思考，撰写了一份包含各方意见的改革计划优化方案。之后，小蒋找到上级，与上级讨论改革计划的可行性并将方案提交给了上级。上级虽然没有当场表示采纳小蒋的方案，但他在随后召开的第二次会议上，按照小蒋提出的方案修改了改革计划。

> **思考：**
> （1）上级为什么采纳小蒋的建议而不采纳小马的建议？
> （2）与上级沟通的技巧有哪些？

与上级进行适时、恰当的沟通，有助于及时得到上级的指导和帮助，提高工作效率，也有助于与上级建立良好的关系，促进个人职业发展。下面介绍与上级沟通的技巧。

一、向上级汇报工作的技巧

很多上级会通过下级汇报工作（见图8-4）的情况来判断下级是否尊重自己，或评判下级的工作能力等。为了给上级留下良好的印象，下级在向上级汇报工作时，应运用一定的技巧，具体包括以下几点。

图8-4　汇报工作

（一）选择合适的汇报方式

下级向上级汇报工作时，应选择合适的汇报方式。常用的汇报方式有口头汇报和书面汇报两种。

1. 口头汇报

当汇报内容比较简单，或上级急于了解情况时，下级宜采用口头汇报方式。口头汇报分为当面口头汇报和电话口头汇报（见图8-5）两种形式。在进行口头汇报时，下级应选择相对安静的场所，以简单易懂的语言向上级说明工作情况，同时避免使用"大概""也许""估计"等意思模糊的词。

图8-5 电话口头汇报

2. 书面汇报

当汇报内容比较复杂且重要时，下级宜采用书面汇报方式。在进行书面汇报时，下级应提前准备好需要的材料；确保汇报内容清晰明了，使上级一目了然；确保用词严谨，且注意不要有错字。

> **指点迷津**
>
> 当不方便采用当面汇报的方式时，下级可使用即时通信软件（如QQ、微信、钉钉等）汇报工作。使用即时通信软件汇报工作具有灵活、方便、高效等优点。

（二）找准汇报的时机

下级向上级汇报工作时应把握好时机。一般来说，在上级情绪不佳或即将外出时，下级不宜向上级汇报工作。下级如果不了解上级的心理状态或行程情况，可以先问一句："现在向您汇报这个项目的进展情况，方便吗？"如果上级表示现在有空，下级可以汇报工作。如果上级表示现在不太方便，下级可以询问上级合适的汇报时间。

（三）突出汇报的重点

在汇报工作前，下级应先整理好要汇报的主要内容，理清汇报思路。在向上级汇报工作时，下级应做到抓住重点、主次分明、详略得当，不宜长篇大论。

 沟通技巧

（四）坚持实事求是

在向上级汇报工作时，下级应实事求是地反映工作情况，既要及时汇报取得的成就，也要如实汇报工作中存在的问题和困难，避免夸大其词或隐瞒真相。

（五）把握汇报的频率

下级应把握好向上级汇报工作的频率。汇报的次数过少或完全不汇报，会给上级留下目无组织的印象；汇报的次数过多，则会给上级留下工作能力不强或急于表现自己的印象。一般来说，对于比较复杂的工作，下级可以适当增加汇报的次数；对于比较简单的工作，下级可以适当减少汇报的次数，但不能不汇报。

> **课堂互动**
>
> 请判断下列人员在向上级汇报工作时忽略了哪些技巧：
> （1）小朱选择在经理准备接待客户时向经理汇报工作。
> （2）小倩在向部门主管汇报工作时，经常夸大自己的工作成果，对自己没有完成的工作则只字不提。
> （3）小张不喜欢自己思考，一遇到问题就去向经理汇报，对于一些最基本的问题也经常一问再问。

二、向上级提建议的技巧

智者千虑，必有一失。上级在工作中也有可能会做出错误决定。此时，下级应成为上级的参谋，在合适的时机采用合适的方式向上级提出合理的建议。下级向上级提建议的技巧如下。

（一）换位思考

人们在组织中的岗位、职责和权限存在差异，思考问题的角度和深度也存在差异。向上级提建议时，下级应站在上级的立场上来观察、思考和分析问题，以便在情感上与上级形成共鸣，使提出来的建议更容易被上级采纳。

（二）准备充分

向上级提建议前，下级应对所提建议涉及的相关问题进行全面、深入的了解，清楚地认识自己所提建议的合理性和可行性，确保所提建议准确、有根据。

此外，下级应设想上级可能会提的问题，并事先准备好答案。例如，下级就新产品开发事项向上级提建议前，设想上级会提出关于同类产品市场销售情况的问题，此时，下级

就可提前做好同类产品市场销售情况的调查工作，用数据说话。

（三）选择时机和场合

向上级提建议时，下级应选择适当的时机，最好在上级正在考虑同一问题但尚未形成明确结论时，或在上级时间充足且心情好时向其提建议。如果上级心情不佳，再好的建议他可能也不会采纳。

此外，下级应注意提建议的场合，注意维护上级的尊严，避免在大庭广众之下提出让上级感到为难的建议。

（四）保持态度友善

向上级提建议时，下级应保持友善的态度，具体做到以下几点：

（1）保持情绪稳定，不因为上级不理解或不赞成自己的观点而流露出愤怒、不耐烦等情绪。

（2）言辞委婉、语速平缓、语气柔和，并给上级留出一定的思考时间。

（3）端正自己的态度，不能与上级争论不休，更不能贬低上级。

> **同步案例**
>
> **不得不辞职的小谢**
>
> 小谢是计算机专业的毕业生，在校期间成绩优异，被某IT公司录用。因为小谢在面试时表现十分出色，上级对他很器重。上级告诉小谢，准备在小谢实习期满后派他去公司总部学习三维动漫技术。
>
> 在实习期间，小谢经常在同事面前展示自己的实力。有一次，某个项目陷入了停滞，上级花了很长时间都没有找到突破口。小谢认为自己找到了解决办法，他直接找到上级，在众人面前说："领导，这个问题其实很简单，我看您不是这个专业出身，所以不懂技术，我给这个项目提几点建议吧……"
>
> 几个月后，上级安排了一名专业能力不如小谢的员工去公司总部学习三维动漫技术。再后来，小谢在该公司一直得不到重用，不得不辞职。

三、说服上级的技巧

当下级觉得自己的建议非常好，想要上级采纳，或者觉得上级的决策不合理，而自己提出的建议又不被采纳时，就需要运用一定的技巧说服上级。下级说服上级的技巧如下。

沟通技巧

（一）了解上级的想法

试图说服上级前，下级应先了解上级的想法，从而有针对性地去说服上级。了解上级想法的方法具体如下：

（1）直接与上级沟通，通过倾听来了解上级的想法。

（2）观察上级的面部表情、行为举止等，结合平常对上级性格与喜好的了解，揣摩上级的想法。

（二）准备相关材料

试图说服上级前，下级应花时间和精力将需要的材料准备充分，以增强说服力。例如，下级可以整理过往的成功经验或类似情况，搜集数据、案例等，并将这些资料制作成一份清晰、简洁的PPT或报告，以便上级迅速理解信息，提高说服效果。

谁能说服董事长

某集团公司计划在义乌设立一家分公司，关于设立分公司的具体事项，该集团公司发展规划部的艾经理和白经理分别编写了方案。艾经理和白经理分别向董事长汇报，试图说服董事长采纳自己的方案。

艾经理："关于在义乌设立分公司的计划，我们在方案中已经详细论证了它的可行性。我们预计，分公司在3~5年内就可以收回成本，未来发展可观。请董事长一定要考虑我们的方案。"

白经理："关于在义乌设立分公司的计划，我们已经与财务部、销售部、后勤部等部门详细论证了它的可行性。财务报告显示，若在义乌设立分公司，我们可在投资后的第36个月内收回成本，这预示着该项投资将从第四年开始盈利。从社会经济评价报告上看，在义乌设立分公司还可以拉动我们下游产业的发展，这对我们集团公司的发展具有重要意义。具体的数据分析结果和建议，我们已经记录在方案中，请董事长审阅。"

董事长听后，决定采纳白经理的方案。

（三）选择说服方式

说服上级时，下级应根据具体情况，灵活地选择说服方式。常见的说服方式有以下几种：

（1）漫谈。试图说服上级前，下级可以先与上级谈论一些小事，如自己工作的近况、在工作中遇到的小问题等，以营造一种轻松、愉快的交流氛围。随着对话的深入，下级可以巧妙地将话题过渡到需要讨论的正题上，并通过逐步引导，让上级在不知不觉中接受自己的观点。

（2）试探。下级可以用提问的方式，试探上级对某个观点或问题的态度。例如，下级可以问："如果我们采用分销的方式，销售额会不会增加呢？""调整一下人员安排，会不会更有助于实现我们的目标呢？"通过试探性提问，下级可以了解上级的想法，从而在说服上级的过程中做到有的放矢。

（3）给出方案。下级可以根据自己对上级的了解，制订两种或三种方案，在与上级交谈的过程中，让上级了解这些方案并从中选出合适的方案，从而达到说服上级的目的。需要注意的是，要把握好方案的数量，如果提供的方案太多，可能会导致上级难以做出选择；如果只给上级提供一种方案，则有强迫上级做决定的嫌疑，会给上级留下不好的印象，不利于个人的职业发展。此外，还要确保方案具有针对性，逻辑清晰、条理分明地向上级阐述方案的优势，同时用数据或实例支撑观点，以增强方案的说服力。

如何与不同类型的上司进行沟通

任务实施

小游戏——说服上级为你投票

【实施步骤】

（1）学生自由分组，7人为一组，每组又分为A、B、C三个小组，其中A组3人，B、C两组各2人。

（2）假设A组的3人为某公司的3位上级，B、C两组分别为该公司的两个部门。现在，公司打算将一个项目交给B部门或C部门来完成。

（3）游戏规则：B、C两组成员必须想方设法地说服A组成员把票投给自己，在此过程中，A组成员可以提出问题，B、C两组成员回答；A组成员根据B、C两组成员的表现投票；得到票数较多的小组获胜。

（4）指导教师对各小组成员的表现进行点评。

【实施记录】

根据任务实施情况填写表8-2。

沟通技巧

表 8-2　任务实施记录表

班级		组号		指导教师	
小组成员	姓名	学号	任务分工		
活动心得					

任务三　熟悉与下级沟通的技巧

任务导入

王经理的批评艺术

王某是 A 公司的市场部经理,平时很随和,很关注员工的成长。小项是市场部新入职的员工,工作非常努力。为了提高小项独立工作的能力,王经理在小项入职三个月后让她独自起草一份投标书,并告诉小项:"这份投标书对公司的发展非常重要。"

一周之后,王经理收到了小项草拟的投标书。王经理大致翻阅了一下投标书,发现这份投标书存在很多问题。为了不打击小项的工作积极性,王经理对小项说:"投标书放在这儿,你先回去吧!"

接下来的几天,王经理边忙手头上的工作,边修改小项的投标书,并将修改好的投标书拿给部门中资历较深的小柯,让小柯私下指导小项进行修改。

几天后,王经理收到了小项修改后的投标书。这份投标书不仅比小项之前草拟的投标书规范很多,内容上更充实,数据也非常明确。于是,王经理直接用这份投标书参与竞标。

后来,A公司竞标成功。在庆功宴上,王经理表扬了小项。小项非常感激小柯,并主动请小柯吃饭。吃饭时,小柯告诉小项:"其实是王经理让我来帮你,并告诉你哪些地方需要改正的。王经理可能怕打击你的工作积极性,所以采用了这种'曲线沟通'的方式。"小项这才恍然大悟,对王经理充满了敬意。

思考:

(1)上述案例中,王经理是如何批评小项的?效果如何?

(2)批评下级的技巧还有哪些?

一、下达指令的技巧

指令即上级给下级的指示或命令,具有一定的强制性。下达指令的目的是让下级按照指示或命令完成特定的工作。若上级经常以下达指令的方式要求下级做事,会使下级产生被强迫的感觉,从而降低工作积极性。因此,在下达指令时,上级应运用一定的技巧。

下达指令话术示例

(一)明确指令的内容

要想让下级按照指令执行任务,上级就应明确指令的内容,从而将指令准确地传达给下级。具体来说,指令的内容应包括"5W2H",即谁(who)来做,做什么(what),什么时候(when)做,在哪儿(where)做,为什么(why)做,以及怎样(how)做,工作量有多少(how much)。

(二)态度和蔼,用语礼貌

在下达指令时,上级应态度和蔼,用语礼貌,以拉近与下级之间的距离,使下级更容易接受指令。例如,"小赵,麻烦你准备会议资料"比"小赵,你去准备会议资料"更能令下级接受,也更能让下级感到被尊重。

（三）强调任务的重要性

在下达指令时，上级应向下级强调该项任务的重要性，以增强下级的责任感。例如，上级可以说："小秦，这次能否与客户谈判成功，关系到我们部门今年的业绩排名，也关系到公司未来的发展。希望你全力以赴地完成这项任务。"

（四）及时确认

在向下级下达指令后，上级应及时确认下级是否完全理解了指令的具体内容。最常用的方法是让下级复述或解释指令的内容，然后从中判断下级对指令的理解情况，有问题时及时向下级解释清楚。

（五）适当授权

在下达指令时，上级可以适当授权，给予下级一定的发挥空间，让其根据任务的要求，自行决定如何完成任务。例如，上级可以说："小李，公司这次团建活动由你负责。一个星期内，你编写一份团建活动策划书给我，团建的时间、地点和具体内容等都由你决定。"

（六）共同探讨，提出对策

上级是指令的传达者，也是指令执行过程中的监督者和协调者。下级在执行指令的过程中，不可避免地会遇到一些困难。如果下级无法解决，上级应及时为下级提供指导和帮助（见图 8-6）。如果遇到的问题比较复杂，上级可以组织下级共同探讨解决问题的对策。

图 8-6　为下级提供指导和帮助

> **课堂互动**
>
> 请判断下列语言是否有不妥之处，如有，请指正：
> （1）"这项任务已经交给你了，遇到问题时你得自己想想解决办法，办法总比困难多。"
> （2）"我现在还在帮小李解决问题，你的这个问题看上去不难，你去问一问小赵。"
> （3）"这个问题确实很复杂，在接下来的工作中，我们可能还会遇到，所以我们一起来想解决办法吧。"
> （4）"小如，这个项目完全由你负责，不要问我的意见。"

二、表扬下级的技巧

适时、恰当地表扬下级，既有助于激发下级的工作积极性，又有助于改善上下级之间的关系。表扬下级时不是随意说几句好听的话即可，而需要运用一定的技巧。

（一）适时表扬

表扬具有时效性，上级错过了最佳的表扬时机，可能导致表扬的效果大打折扣。当下级完成某项任务或展现出某些优秀品质时，上级应适时表扬下级，让下级感受到被认可，从而激发其工作热情。

（二）灵活采用表扬方式

上级可以根据实际情况灵活采用表扬方式。表扬方式可以分为直接表扬与间接表扬、个人表扬与集体表扬、当众表扬与个别表扬等。

1. 直接表扬与间接表扬

直接表扬是指上级当着被表扬者的面对其进行表扬的方式，优点是表扬及时，见效快，能够使被表扬者信心倍增。

间接表扬可以分为客观表扬与背后表扬。客观表扬是指上级借用"第三者"的话来表扬被表扬者的方式。例如，上级可以说："前两天我和总经理谈起你，他很欣赏你的工作态度，你对客户的热心与耐心值得大家学习。好好努力，别辜负总经理对你的期望。"背后表扬是指上级在被表扬者不在场的情况下对其进行表扬的方式。采用背后表扬，能够让下级感受到上级的真诚和尊重，从而增强对上级的信任感。

2. 个人表扬与集体表扬

个人表扬是指上级对业绩突出的个人进行表扬的方式。采用这种表扬方式，能够使被表扬者认识到自己的优点，并在工作中不断将其发扬光大。

集体表扬是指上级对业绩突出的集体进行表扬的方式。采用这种表扬方式，能够增

强集体中各成员的集体荣誉感和责任感，营造互帮互助、共同进步的集体氛围。

3. 当众表扬与个别表扬

当众表扬是指上级当着众人的面对被表扬者进行表扬的方式，具有鼓励先进、鞭策众人的作用。个别表扬是指上级在没有其他人在场时对被表扬者进行表扬的方式。

虽然当众表扬的效果明显，但是如果被表扬者不能得到大家的认同，可能导致其他下级产生不满情绪。因此，在表扬下级时，上级应根据具体情况选择当众表扬还是个别表扬。一般来说，如果被表扬者是业绩较好的团队，或在竞赛中获得名次、对组织发展有重大贡献的个人等，可以采用当众表扬的方式；如果被表扬者是在工作中进步较大的下级，或积极提出新想法、新思路、新观点的下级等，则可以采用个别表扬的方式。

同步案例

工厂被迫暂停生产

小胡是某工厂的司机，开车很认真，但开车速度较慢。小胡所在的工厂每天都要派出几辆车去接运原料，其他司机一般一天能接运三趟，而小胡最多接运两趟。但他开车从来没有出过事故，在安全驾驶方面做得非常好。

在工厂举办的"安全生产月"活动中，工厂领导当众表扬了小胡，说他开车注意安全，树立了安全驾驶的好榜样。回到车队后，车队队长当着所有司机的面又表扬了小胡，并要求大家都向小胡学习。

此后，只要是集体出车，其他司机都让小胡开在最前面，他们在后面跟着。那些原来一天能接运三趟的司机，现在一天只能接运两趟。这种接运速度导致工厂的原料供应不及时，没几天，工厂就被迫暂停生产了。

（三）确定具体的表扬内容

在表扬下级时，上级如果凭空表扬，或泛泛而谈，则无法取得良好的激励效果。因此，上级表扬下级时要有一定的依据，表扬内容应明确而具体。例如，上级可以说："小梅，你的创意得到了客户的高度认可，他们表示要与我们公司进行长期合作。你这次真是为公司立了大功！"

（四）适度表扬

在表扬下级时，上级应根据实际情况适度表扬下级，使表扬与下级的实际表现相匹配，同时避免表扬过于夸张或频繁，以免削弱表扬的激励作用。

三、批评下级的技巧

下级在工作中出现错误时,上级对其进行适当批评是很有必要的。但胡乱批评、过分批评,容易使下级产生抵触情绪甚至逆反心理。因此,上级应在批评下级(见图8-7)时把握好分寸,用好批评的技巧。

图 8-7　批评下级

(一)选择批评场合

在公开场合批评他人往往会使其感到尴尬,甚至可能引发冲突。因此,在批评下级时,上级应优先选择没有第三方在场的场合,如独立的办公室等。如果必须在公开场合批评下级,上级应特别注意把握好分寸,以维护下级的自尊心。

(二)注意措辞

批评下级并不是为了发泄不满情绪,而是为了警示、教育下级,帮助其认识、改正错误。在批评下级时,上级的措辞不宜太尖锐,以让下级认识到自身的错误为宜。例如,上级可以说:"每个人都会犯错,重要的是如何改正……"

此外,在批评下级时,上级还可以先肯定、赞赏下级做得好的地方,再指出问题,提出改正方案。例如,上级可以说:"在完成这个项目的过程中,你很积极,也很认真,工作态度值得肯定。但有一个问题你需要注意一下……"

(三)给下级解释的机会

在批评下级前,上级应给下级解释的机会,了解下级的想法,从而找到下级出现错误的根源,有针对性地为下级提供指导。

(四)对事不对人

在批评下级时,上级应就事论事,只批评下级的错误行为和错误思想,不对下级的

 沟通技巧

人格、品质进行批评。如果上级在批评下级时说"看你做的这些事情，就可以知道你这个人……"这种针对下级人格的话，会严重伤害下级的自尊心，导致上下级关系恶化。

（五）不"翻旧账"

许多上级在批评下级时，总爱"翻旧账"，指出下级以前犯过的种种错误。这种做法会让下级难堪，甚至让下级失去自信心，不利于解决下级在工作中存在的问题。

（六）原谅无关紧要的错误

俗话说："宰相肚里能撑船。"对于那些无关大局的事情，上级不应锱铢必较。如果下级没有犯原则性错误或所犯错误造成的损失不大，上级应原谅下级的错误，并对其进行鼓励，督促其进步。

（七）批评后鼓励下级

在批评下级时，上级可以适当对下级施加压力。但在批评结束后，上级应鼓励下级，使下级既认识到错误，又信心倍增。例如，上级可以在批评结束后微笑着说"我相信你""我想你会做得更好""希望看到表现更好的你"等。

> **课堂互动**
>
> 试比较下列句子的批评效果：
> （1）"小付，你怎么天天迟到！"
> （2）"小魏，你工作效率可真低！"
> （3）"小范，你怎么又犯这么低级的错误，没见过像你这么笨的！"
> （4）"小何，你也看到了这次失误造成的损失，我相信你不是故意的。我可以再给你一次机会，你要多努力，用行动证明你可以。"

四、处理下级之间矛盾的技巧

在职场中，下级之间难免会产生各种矛盾。为了保证工作顺利开展，避免团队凝聚力受到影响，上级应运用一定的技巧正确处理下级之间的矛盾（见图8-8），协调下级之间的关系。

（一）安抚情绪

下级之间爆发矛盾时，双方情绪可能都比较激动，如果上级此时立即插手，可能收效甚微，甚至弄巧成拙。因此，下级之间爆发矛盾时，上级可以暂时将矛盾双方分开，及时安抚双方的情绪，待双方情绪稳定之后再进行调解。

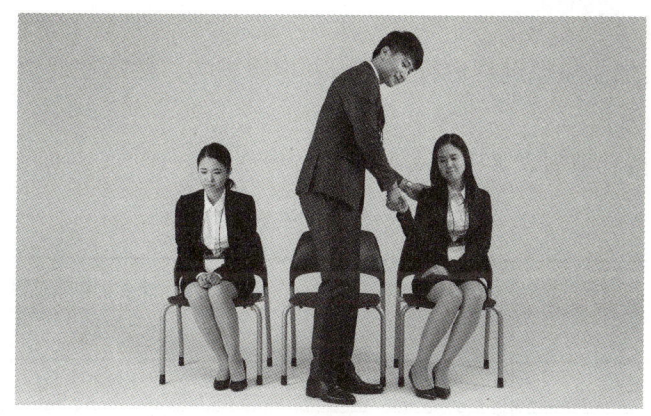

图 8-8 处理下级之间的矛盾

（二）调查事实

在处理下级之间的矛盾时，上级应先听取矛盾双方的陈述，并搜集证据、核实情况，通过调查了解事情的原委，找到矛盾的根源，再针对矛盾双方的诉求进行调解。

（三）营造氛围

一般来说，在轻松的氛围中，人们的心情会比较好，沟通也比较顺畅；而严肃、紧张的氛围可能导致矛盾进一步激化。因此，上级可选择在餐厅、咖啡厅等氛围比较轻松的场所进行调解，使矛盾双方卸下心理防备，以便化解下级之间的矛盾。

（四）公平公正

在处理下级之间的矛盾时，上级应做到公平公正，不偏袒任何一方，不听信一面之词；提出公正合理的解决方案，使矛盾双方都能接受处理方案，从而维护团队的和谐氛围。

任务实施

情景模拟——表扬和批评下级

【背景材料】

在某工厂里，B 小组的整体业绩每个月都名列前茅。在 B 小组中，成员小肖的工作表现尤为突出，小孙的工作表现则相对较差，车间主任很清楚这一情况。一天，车间主任准备对 B 小组进行集体表扬，并批评小孙。

【实施步骤】

（1）学生自由分组，3 人为一组。

（2）各小组分角色进行情景模拟，在情景模拟过程中注意合理运用表扬下级和批评

 沟通技巧

下级的技巧。

（3）各小组对情景模拟过程进行摄像，并剪辑视频，然后在课堂上展示。

【实施记录】

根据任务实施情况填写表 8-3。

表 8-3　任务实施记录表

班级		组号		指导教师	
小组成员	姓名	学号	任务分工		
活动心得					

 熟悉与客户沟通的技巧

 任务导入

耐心安抚客户

小程是 D 公司新来的前台接待人员，主要负责接待来访客户。这天，一位客户十分生气地找到小程，大声斥责 D 公司没有按照合同条款办事，给他造成了经济损失，要求 D 公司进行赔偿。

小程见这位客户十分激动，也没有说清楚具体情况，于是说道："先生，您好！请您稍安勿躁，我会努力帮助您解决问题。我先带您去旁边的休息区，给您倒杯茶，然后您再仔细和我说说具体情况，好吗？"

小程带领客户来到休息区，双手为客户奉上茶水，再与客户沟通。在小程的耐心询问下，客户说明了事情缘由。小程在得知问题出在销售环节后，立刻打电话联系销售部的负责人，让其前来帮助该客户解决问题。最终，客户顺利解决了问题，获得了经济补偿，并对小程的服务态度赞不绝口。

> **思考：**
> （1）小程为什么能顺利处理客户投诉？
> （2）在处理客户投诉时，可以运用哪些沟通技巧？

一、拜访客户的技巧

（一）做好准备

在拜访客户前，应做好以下准备：

（1）提前与客户约好面谈的时间和地点。

（2）事先了解客户的基本信息、办事风格，熟悉交谈时可能涉及的内容（如产品或服务的特点、价格优惠方案等），并带上相关资料（如公司宣传资料、合同、产品报价单等），以便更好地为客户讲解相关情况。

（3）根据客户的特点、需求、兴趣等来确定合适的沟通策略，充分考虑客户可能提出的疑问并准备好答案，以便灵活应对沟通过程中出现的突发状况。

（二）讲究礼仪

在拜访客户时，应讲究礼仪，争取给客户留下良好的印象。具体来说，应做到以下几点：

（1）提前几分钟抵达约定地点，切忌迟到。

（2）先敲门，得到客户允许后再进入。

（3）见到客户后，先热情地问候客户，然后做简单的自我介绍。

（4）当客户提供茶水时，双手接过茶水并表示感谢；用双手给客户递送资料。

（5）在与客户交谈时，注意使用尊称，不要随意打断客户讲话。

（6）在交谈结束后，起身和客户握手道别，感谢客户的接待，并在出门后轻轻地将门关上。

（三）紧扣主题

在拜访客户时，可以通过谈论天气、新闻、生活近况等开启话题、活跃氛围。但是，应明确此次拜访客户的目的，分清主次，围绕中心主题开展对话，提高沟通效率，不可过多谈论无关紧要的话题，以免让客户觉得在浪费时间。当客户提出与主题无关的话题时，可以礼貌地回应，并尽快将对话拉回到主题上。

 沟通技巧

> **同步案例**
>
> ### 小曾闲聊误事
>
> A公司的王经理让自己的助理小曾在周五下午去拜访公司的重要客户张先生。为了顺利完成拜访任务，小曾事先根据客户信息和产品资料做了充分的准备工作。
>
> 周五15:00，小曾在约定地点见到了张先生。由于知道张先生和自己一样都是南京人，小曾说了很多与南京的风土人情和历史文化有关的话，试图拉近与张先生的距离。等到张先生主动提出要了解一下A公司的新产品时，小曾才拿出准备好的资料，向张先生介绍新产品的功能、优势、价格等。
>
> 到了16:30，张先生说他要去参加一个晚宴，不能继续听小曾的讲解了。由于之前浪费在闲聊上的时间太多，小曾最终没能在约定时间内介绍完产品信息。小曾只好起身向张先生表示抱歉，并恳请张先生给个机会让自己下次再来拜访。张先生说："可以，不过下次你可一定要直奔主题啊！"

（四）合理表达

如果拜访者能够在沟通过程中侃侃而谈，讲话头头是道、条理清晰，展现出自己丰富的专业知识，就会在客户心中树立起"专家形象"，让客户产生信任感。如果拜访者在沟通过程中含糊其词、吞吞吐吐，不能很好地表达中心思想，就会让客户感到疑惑，甚至产生误会，进而影响沟通效果。因此，在拜访客户时，应采用合理的表达方式，注意表达内容的连贯性、准确性、逻辑性，以简明、流畅的语言表达自己的意思，避免使用模棱两可的语言。

二、接待客户的技巧

在接待客户时，应遵循接待客户的基本流程并注重待客礼仪，用热情、周到的服务让客户产生宾至如归的感觉。下面以销售人员接待客户为例，介绍接待客户的技巧。

（一）热情迎接

客户一进门，销售人员应面带微笑，快步上前，亲切、礼貌地迎接客户，并说"您好，欢迎光临"。之后，可以进行简单的自我介绍，如说"我是这里的销售人员，我叫××"。

（二）主动询问客户需求

销售人员应热情、礼貌、主动地询问客户需求，如说"我能为您提供哪些帮助？""需要我为您介绍和推荐产品吗？"等。此外，还可以主动询问客户是否需要茶水或点心。若客户需要，应双手为客户奉上。

需要注意的是，销售人员不要过于热情，以免让客户感到不适。如果客户看起来比较匆忙或说自己只是随便看看，可以时刻关注客户的行为，但不过度打扰客户。如果客户表现出浓厚的兴趣，可以及时上前向客户介绍产品（见图8-9）或服务。

图8-9　向客户介绍产品

（三）介绍产品或服务

如果客户需要，销售人员应有针对性地向客户介绍能够满足其需求的产品或服务。例如，如果客户关注电动车的续航能力，销售人员可以详细介绍电动车的电池容量、充电效率和实际续航表现。在介绍过程中，还应时刻关注客户的反应，判断客户对产品或服务的满意程度，询问其是否有疑问并及时为其解答。

同步案例

盲目介绍产品的小许

为了购买一套会议桌椅，Q公司的采购员周某参加了一场家具展会。在参观了近半个展厅后，周某发现了一套设计十分新颖的会议桌椅。

导购员小许见到周某对这套桌椅十分感兴趣，便热情地走到周某面前说："您真有眼光。这套桌椅工艺上乘、质量可靠，感兴趣的话我可以为您详细介绍一下。"

周某问道："你能给我讲讲它的设计理念吗？"

小许热情地回答说："当然可以，这套桌椅的材料是珍贵的紫光檀木……"

周某摇摇头，打断了小许的话，说道："你说的这些我并不是很感兴趣。我比较关心……"还没等她说完，小许就立刻说："我知道您想说什么！这套桌椅由于采用特殊工艺来处理紫光檀木，使用寿命可以达到50年。"

周某很无奈，再次重复道："你说的这些，我都相信。不过，我想你误会我的意思了，我更关心它的……"小许又一次插话，说道："我们公司为这套桌椅配置了一套专用的茶具，如果您同时购买桌椅和茶具，我可以给您优惠价！"

 沟通技巧

> 最终，周某十分生气地打断了小许的话，说道："我不买了。你一直给我介绍我并不关心的信息，我不想在你这里浪费时间了！"说完周某便转身离开了。

（四）带领客户体验产品或服务

销售人员可以通过让客户亲身体验产品或服务的方式，消除客户对产品或服务的功能、质量等方面的疑虑，激发客户的购买欲望。例如，销售人员可以邀请客户进入车内，让客户亲自观察车辆内部的细节，亲自感受车辆的舒适程度，从而增强客户对车辆的好感，提高其购买意愿。

在客户体验产品或服务时，销售人员可以在一旁介绍。如果客户要求自己独自体验，销售人员应站在离客户不远处静候，以便随时为客户提供服务。

（五）促成交易

在确定客户有明确的购买意向后，销售人员应通过帮助客户争取优惠、承诺售后服务等方式来促成交易。

在客户决定购买后，销售人员应与客户一起明确交易细节（如产品的型号、数量、价格、交货日期、交货地点、注意事项等），并及时与客户签订合同。在签订合同时，销售人员应为客户讲解合同内容，解答客户的疑问。在签订合同后，销售人员应真诚地向客户表示感谢，同时可以适当赞美客户，让客户心情愉悦。在客户离开时，销售人员应起身恭送客户，并说"期待您再次光临"，然后向客户挥手告别。

三、处理客户投诉的技巧

（一）安抚客户情绪

一般来说，客户在投诉时可能会比较急躁、生气，甚至会做出一些过激举动。此时，投诉处理人员需要重点关注客户的心理状况，安抚客户，待客户情绪稳定后，再向客户了解具体情况。例如，投诉处理人员可以说："您好，我很理解您的心情，请您坐下来喝杯茶，平复一下心情，我们一定会为您解决问题。"

客户投诉处理话术示例

（二）郑重表达歉意

在处理客户投诉时，投诉处理人员应先向客户道歉，如说"十分抱歉，我们给您带来了不好的体验""对不起，给您造成了不便"等。这样可以让客户得到心理安慰，避免矛盾激化，还可以让客户打开心扉，准确表达其真实诉求。

在与客户沟通的过程中，投诉处理人员切忌推脱责任，以免加剧客户的不满情绪。即使明确知道己方无责，投诉处理人员也应先向客户表达歉意，然后向客户解释说明相关情况。

（三）弄清客户诉求

在处理客户投诉时，投诉处理人员应认真倾听客户的陈述，清楚地了解客户想要反映的问题。当客户因情绪激动而语无伦次、无法清楚地表达自己的真实想法时，投诉处理人员应通过提问的方式，引导客户一步一步地说出自己的真实想法。例如，投诉处理人员可以用"您在使用产品（体验服务）时出现了什么问题？""当时的具体情况是怎样的？""我们为您换货或提供其他补偿可以吗？"等问题，一步一步地确定客户的真实想法。

此外，在倾听客户诉求时，投诉处理人员应使身体微微前倾，双眼真诚地注视客户的眼睛，并适时点头附和，以示自己在认真倾听，必要时还可以拿出纸笔记录客户所表达的重要信息。

（四）确定处理方案

在弄清客户诉求后，投诉处理人员应迅速向上级反映问题，及时确定投诉处理方案。投诉处理不及时或只接受投诉而不解决问题，都会加剧客户的不满情绪。

在确定投诉处理方案后，投诉处理人员应及时将方案内容告知客户，并对方案内容进行详细讲解。若客户同意该方案，则应尽快实施，解决相关问题，满足客户需求，以体现对客户的尊重和重视；若客户不同意该方案，则应继续与客户沟通，进一步完善该方案，直至客户接受为止。

任务实施

情景模拟——与客户沟通

【背景材料】

小沈是某家电子产品制造公司的客户经理。以下是小沈与客户沟通的几个情景：

（1）公司派小沈上门拜访某客户，要求小沈向该客户介绍并推荐公司的新产品。小沈拜访了该客户，并通过专业的讲解，让客户高兴地购买了公司的新产品。

（2）公司举办新产品宣传会，小沈负责接待一位客户。小沈热情地接待了这位客户，并向他详细介绍了新产品的特点、功能等，拿下了一笔大订单。

（3）客户上门投诉产品质量有问题，并指责售后服务部门的员工态度差，不及时解决问题。小沈安慰了客户，并联系相关人员，帮客户解决问题。

【实施步骤】

（1）学生自由分组，2人为一组。

（2）各小组任选一个情景，分角色进行情景模拟，在情景模拟过程中注意合理运用与客户沟通的技巧。

（3）各小组对情景模拟过程进行摄像，并剪辑视频，然后在课堂上展示。

沟通技巧

【实施记录】

根据任务实施情况填写表 8-4。

表 8-4　任务实施记录表

班级		组号		指导教师	
小组成员	姓名	学号	任务分工		
活动心得					

学习成果自测

1. 填空题

（1）在职场中，如果无意间冒犯了同事，或工作中出现了纰漏，一定要及时、坦诚地向同事_____。

（2）当汇报内容比较复杂且重要时，下级宜采用_____方式。

（3）在下达指令时，上级应向下级强调该项任务的_____，以增强下级的责任感。

（4）在处理下级之间的矛盾时，上级应做到_____，不偏袒任何一方，不听信一面之词。

（5）在拜访客户时，应讲究_____，争取给客户留下良好的印象。

2. 单项选择题

（1）拒绝同事的不合理请求时，有助于维护关系的做法是（　　）。

　　A．直接拒绝，不加解释　　　　　　B．为同事提供有针对性的建议
　　C．假装没听到同事的请求　　　　　D．指责同事的请求不合理

（2）下列关于向上级汇报工作的说法，正确的是（　　）。

　　A．汇报内容越详细越好

B．汇报次数越多，越能显示下级的工作能力和积极性

C．对于所有工作，都应减少汇报次数，以免打扰上级

D．在汇报工作前，应先整理好要汇报的主要内容

（3）李经理私下里对员工小徐说："总经理刚刚对我说，你这个月的业绩比上个月提高了很多，他很看好你！"这属于（　　）。

A．直接表扬　　　B．当众表扬　　　C．间接表扬　　　D．集体表扬

（4）下列销售人员接待客户的做法，不正确的是（　　）。

A．客户进门时，销售人员面带微笑，主动问候客户

B．无论客户是否愿意，销售人员都向客户推荐昂贵的产品

C．在客户体验产品或服务时，销售人员在一旁介绍

D．在客户决定购买后，销售人员与客户一起明确交易细节

3．多项选择题

（1）不宜与同事谈论的话题有（　　）。

A．收入　　　　　　　　　　　B．热点新闻
C．其他同事的私生活　　　　　D．兴趣爱好

（2）小康发现上级在会上交给他的任务违背了公司的保密规定，会后，他仔细研究了公司的保密规定，然后私下里向上级委婉地提出了自己的意见。小康的做法，体现了向上级提建议的（　　）技巧。

A．适当授权　　　　　　　　　B．准备充分
C．选择场合　　　　　　　　　D．保持态度友善

（3）在批评下级时，上级正确的做法有（　　）。

A．频繁"翻旧账"，以强化批评效果

B．给予下级解释的机会，了解其想法

C．就事论事，避免对下级进行人身攻击

D．先肯定、赞赏下级做得好的地方，再指出问题

（4）在处理客户投诉时，投诉处理人员正确的做法有（　　）。

A．直接打断客户，询问关键问题

B．即使公司无责也先致歉

C．忽视客户的情绪，只关注问题本身

D．认真倾听客户的陈述

4．简答题

（1）简述化解与同事之间矛盾的技巧。

（2）简述说服上级的技巧。

（3）简述处理下级之间矛盾的技巧。

（4）简述处理客户投诉的技巧。

 沟通技巧

学习成果评价

请进行学习成果评价,并将评价结果填入表 8-5 中。

表 8-5 学习成果评价表

班级		指导教师		日期	
姓名		学号			
项目名称		职场沟通技巧			
评价项目	评价内容		分值	自我评分	教师评分
知识 (40%)	与同事沟通的技巧		10		
	与上级沟通的技巧		10		
	与下级沟通的技巧		10		
	与客户沟通的技巧		10		
技能 (40%)	能够根据沟通情景恰当地与同事沟通		10		
	能够根据沟通情景恰当地与上级沟通		10		
	能够根据沟通情景恰当地与下级沟通		10		
	能够根据沟通情景恰当地与客户沟通		10		
素养 (20%)	具备良好的学习态度,积极参与实践活动		5		
	具备良好的团队精神和团队协作能力		5		
	树立正确的职业道德观		5		
	培养热心、耐心服务客户的良好职业素养		5		
合计			100		
总分(自我评分×40%+教师评分×60%)					
自我评价					
教师评价					

参考文献

[1] 龙璇. 人际关系与沟通技巧 [M]. 3版. 北京：人民邮电出版社，2023.
[2] 谢红霞. 沟通技巧 [M]. 4版. 北京：中国人民大学出版社，2022.
[3] 惠亚爱. 沟通技巧：微课版 [M]. 3版. 北京：人民邮电出版社，2021.
[4] 高海霞. 演讲与口才 [M]. 北京：人民邮电出版社，2021.
[5] 王炯，王欣. 沟通技巧 [M]. 2版. 北京：高等教育出版社，2020.
[6] 张岩松. 大学生沟通艺术 [M]. 北京：清华大学出版社，2020.
[7] 李雅乐. 商务沟通与谈判 [M]. 3版. 北京：科学出版社，2020.
[8] 宋倩华. 沟通技巧 [M]. 2版. 北京：机械工业出版社，2019.